ESTE ES UN REGALO DE:

....

PARA:

....

"Yo he venido para que tengan vida,
y para que la tengan en abundancia.

Juan 10:10, RVR 1995

DEVOCIONALES DE SALUD CREACIÓN

56 Reflexiones Inspiradoras

para

VIVIR UNA VIDA PLENA

creation ®
H E A L T H

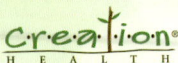

c·r·e·a·t·i·o·n®
H E A L T H

DEVOCIONALES DE SALUD CREACIÓN
Copyright © 2011 Florida Hospital
Publicado por Florida Hospital
683 Winyah Drive, Orlando, Florida 32803

EXTENDIENDO EL MINISTERIO DE SALUD Y SANIDAD DE JESUCRISTO

EDITOR GENERAL	Todd Chobotar
EDITORA DE PRODUCCIÓN	Lana Vulicevic
PROMOCIÓN	Stephanie Lind, MBA
PRODUCCIÓN	Lillian Boyd
REDACTORA DE ORIGINALES	Barbara Trombitas
FOTOGRAFÍA	Spencer Freeman
DISEÑO	Carter Design Inc.
TRADUCCIÓN	Redactores en red
CORRECCIÓN DE TEXTOS	Edwin Alicea, Elimar DePaiva, Samí Haiman-Marrero, Daniel Monzon, Ivan Omana

Las citas bíblicas citadas NVI son tomadas de La Nueva Versión Internacional. Copyright ©
1973, 1978, 1984 by International Bible Society. Utilizado con permiso. Las citas bíblicas
citado RVR 1960 son tomadas de Reina-Valera 1960 ™ © Sociedades Bíblicas en
América Latina, 1960. Derechos renovados 1988, Sociedades Bíblicas Unidas.
Utilizado con permiso. Las citas bíblicas citado RVR 1995 son tomadas
de Reina-Valera 95® © Sociedades Bíblicas Unidas, 1995.
Utilizado con permiso.

Datos de catalogación disponibles en la Biblioteca del Congreso de los Estados Unidos
ISBN 13: 978-0-9828557-1-3

Originalmente publicado en inglés con el título:
CREATION Health Devotional:
56 Inspirational Insights for Living Life to the Fullest

Diseñado e impreso en los Estados Unidos
Disponible también en inglés
FP 10 9 8 7 6 5 4 3 2

Para comprar en volumen con un descuento, comuníquese con la unidad de ventas especiales:
HealthProducts@FLHosp.org | 407-303-1929

Para más recursos sobre Salud Personal Total, visítenos en:
FloridaHospitalPublishing.com
CREATIONHealth.com
Healthy100.org

CONTENIDOS

ESDE LOS ALBORES DE LA HUMANIDAD Dios nos ha bendecido con bellos obsequios. Según las Escrituras, el Creador formó este maravilloso mundo con una sorprendente combinación de vida animal y vegetal. Y en medio de todo ello, creó un huerto llamado Edén, un regalo para sus dos primeros hijos, Adán y Eva. Y, además de este huerto que sería su hogar, la flamante pareja recibió un magnífico regalo de parte de Dios: salud en abundancia. Salud mental, física y espiritual.

Si prestamos cuidadosa atención a la historia de la creación y al entorno del Edén, aprenderemos muchas cosas acerca de estar en forma, vivir más y hallar paz para nuestras vidas. A decir verdad, después de leer y releer esta notable historia de la fundación de la tierra, relatada en el libro del Génesis, un equipo de visionarios de la salud decidió usar la palabra CREACIÓN como una sigla fácil de memorizar y que resume los principios de la salud total de la persona.

Esto es lo que la sigla significa:

C CAPACIDAD DE ELECCIÓN
R REPOSO
E ENTORNO (MEDIO AMBIENTE)
A ACTIVIDAD
C CONFIANZA
I INTERRELACIONES PERSONALES
Ó OBJETIVIDAD EN LA VIDA
N NUTRICIÓN

Estos principios de bienestar son válidos para cualquier época. Si bien el entorno perfecto del Edén se perdió y vivimos ahora en un mundo acosado por las enfermedades, el sufrimiento y la muerte, estos principios tienen todavía el poder de cambiar vidas. Empieza a poner en práctica hoy esos principios y embárcate en un viaje hacia la buena salud y la felicidad.

En las páginas siguientes leerás historias que hablan de salud, sanidad e inspiración; historias sobre la gracia de Dios en tiempos de dificultad, el gozo de Dios en tiempos de victoria, y la presencia de Dios en tiempos de paz. Es nuestro deseo que estas historias te ayuden a confiar en Dios y a profundizar tu fe en el amor de tu Padre Celestial.

A TU SALUD,

Todd Chobotar, Editor General

LOS CIELOS PROCLAMARON

HEATHER NEAL

MI ESPOSO Y YO PASAMOS UNA SEMANA en las majestuosas Smoky Mountains, a solas con Dios y todas las maravillas que creó para nosotros, entre ellas, nuestro perro. Fue una de las semanas más maravillosas de nuestras vidas. Durante los primeros días acampamos en un encantador desfiladero, con el borboteo de las refrescantes aguas de un arroyo cercano. Más tarde decidimos empacar y dar una caminata por las montañas para apreciar el cielo despejado, a pleno sol. Fue todo un desafío cargar el equipo que, por el peso, debían cargar cuatro personas, en vez de dos. Pero valió la pena. En el camino saboreamos unas deliciosas frambuesas, moras y arándanos. En la cima divisamos un cielo ancho y despejado, y disfrutamos de un asombroso crepúsculo, de esos que calman el alma y son un deleite para los sentidos.

Creo que nuestro medio ambiente puede enriquecer el bienestar de los seres humanos de manera poderosa. Son experiencias como ésta, que te hacen darte cuenta de lo asombrosamente bella y grandiosa que es la naturaleza. Te hacen comprobar que a este vasto universo lo controla alguien más grande y más sabio que nosotros. La naturaleza habla de su poder, de su fuerza, de su amor, de su paz y de su sabiduría. El Salmo 19:1-4 dice: «Los cielos cuentan la gloria de Dios, el firmamento proclama la obra de sus manos. Por toda la tierra resuena su eco, y sus palabras llegan hasta los confines del mundo.» (NVI)

Esta semana fue una increíble experiencia espiritual para mi esposo y yo. Dios anhela hablarnos. ¿Considerarías detenerte hoy para hablar un rato con Dios y/o con otros en medio de la naturaleza? Apártate y tómate un breve descanso: Él hablará a tu corazón y te enseñará muchas cosas. Cualquiera que sea tu situación actual, Dios te ministrará de una manera íntima y especial mediante sus asombrosas creaciones.

ESTIRONES

L O R I   P E C K H A M

*T*IENE QUE SER QUE MI SECADORA está encogiendo la ropa o que yo estoy dando un estirón. A diferencia de Reef, mi hijo de ocho años, ¡se supone que yo no crezca más!

No obstante, algo sucede en mi closet. Mi ropa me aprieta y pellizca; los botones, cremalleras y cinturillas me lastiman. Aún los zapatos parecen cortarme la circulación.

Por el contrario, mi hijo ya no está dentro de los valores de la tabla de crecimiento del pediatra, tanto en altura (es muy alto) como en peso (está por debajo de lo normal). Se pasa la mitad del día levantándose los pantalones.

El otro día, cuando preparaba el almuerzo, me di cuenta de algo. Mientras Reef esperaba que los espaguetis hirvieran, comió una porción grande de melón. Después comió los espaguetis como le gustan a él: con un poco de sal, pero sin mantequilla ni salsa.

Me senté a su lado y comí las sobras de una cazuela de calabacín, la cual incluye una porción de mayonesa, queso parmesano y huevos. Coroné el almuerzo con cinco empalagosas galletas con trocitos de chocolate, recién sacadas del horno. Reef, en cambio, prefirió uno de sus bocadillos favoritos: una barra de goma de mascar sin azúcar.

Después del almuerzo fue a jugar con los hijos del vecino en el tobogán de agua del patio trasero, anduvo en patinete y jugó en el cajón de arena. Fue entonces cuando caí en cuenta de que, en vez de obligar a mi hijo a comer adecuadamente y a hacer ejercicio, yo debería ser un poco más como él. Después de todo, Jesús dijo: «A menos que ustedes cambien y se vuelvan como niños, no entrarán en el reino de los cielos.» (Mateo 18:3, NVI)

Quiero entrar al reino de los cielos, y quiero vivir aquí el mayor tiempo y lo más saludablemente posible. Así que mientras Reef siga levantándose los pantalones y dejándoles saber quién está al mando, ¡yo haré lo mismo con mi ropa!

ALGO MÁS GRANDE QUE NOSOTROS

Elizabeth Hulford

HAY PODER SANADOR en la naturaleza. Cuando salimos a disfrutar del sol, a recibir el aroma de las flores y sentir el aire o la lluvia que corre por las mejillas, participamos de algo que es mucho más grande que nosotros.

Para los cristianos, hay algo sagrado en la naturaleza. Es interesante darse cuenta de que en la historia de la creación Dios creó en primer lugar el medio ambiente, y después al ser humano. La tierra y todas sus maravillas vinieron primero. Dios creó a los humanos y los puso como mayordomos o cuidadores del ambiente. El mundo recién creado por Dios fue nombrado bueno, como decir íntegro, bello y suficiente. Por esta razón, hoy vemos algo inherentemente bueno en la naturaleza que nos rodea que nos hace querer participar de ella y disfrutarla.

A veces resulta difícil encontrar a Dios dentro de las paredes de una iglesia. La historia, la política y las diferencias teológicas a menudo suelen oscurecer la presencia y la voz de Dios. Por tanto, es necesario e importante, aun para el cristiano más devoto, experimentar a Dios de otras maneras. En la naturaleza, Dios todavía nos habla. Podemos estar en las reservas forestales, en los espacios verdes que nos rodean, y contemplar la majestuosidad de la creación. Es un mundo donde ya no somos los «amos del universo», sino partícipes de un plan mucho más grande que nosotros.

La creación es una muestra del amor de Dios, y es una bendición que podamos ser parte de la creación. Cuando nos humillamos y rendimos nuestros corazones ante la naturaleza, podremos descubrir cosas sobre nosotros, sobre nuestro mundo y sobre nuestro Dios; cosas que antes no conocíamos.

Después de todo, Jesús dijo: «Les aseguro que si ellos se callan [las multitudes], gritarán las piedras.» (Lucas 19:40, NVI)

TENEMOS QUE ESTAR JUNTOS

Des Cummings

COMO PADRE, sé lo mucho que mis hijos desean estar con sus padres. Esto me quedó más claro gracias a una vívida experiencia que compartí con Tracy, mi hija. Ella tenía tres años, y jamás la habíamos dejado con nadie que no fuera de la familia. A mi esposa Mary Lou, le pidieron que diera clases como maestra sustituta en una escuela cerca de la casa por cuatro semanas porque el profesor de enfermería iba a operarse.

Cuando nos sentamos con Tracy para explicarle los planes, pareció manejar bastante bien la situación. Pero eso duró hasta la noche previa al primer día de clases de Mary Lou. Esa noche, Tracy comenzó a mostrar signos de ansiedad cuando se iba a dormir.

—Mami, no me abandones, por favor— rogó.

A la mañana siguiente, desperté a Tracy.

—¿Dónde está mamá?— fue lo primero que preguntó.

Le dije que estaba dando clases.

—Papi, no me abandones, por favor.

Más tarde me estacioné al frente de la puerta de la guardería infantil y entré con Tracy. En vez de mostrar la euforia que suele expresar en la iglesia cuando ve a la señora Wilson, en esta ocasión estaba callada y me agarraba con firmeza.

Salí por la puerta corrediza y la cerré mientras Tracy corría hacia mí llorando.

—¡Papi, no me abandones, por favor!

Cuando subí al auto, miré y vi la cara de mi hija contra el vidrio, con lágrimas en las mejillas, y los labios que me suplicaban:

—¡Papi, no me abandones, por favor!

Puse el auto en marcha, pero apenas pude manejar una cuadra. Volví a buscarla. La sensación de pertenencia del uno hacia el otro era demasiado fuerte. Tenemos que estar juntos. Tracy corrió a mis brazos, y le sequé las lágrimas.

Estoy muy agradecido por la promesa y afirmación de Dios de que «Nunca te dejaré; jamás te abandonaré.» (Hebreos 13:5, NVI)

¡OH QUIÉN TUVIERA LENGUAS MIL!

Gordon Retzer

*D*URANTE MIS AÑOS de estudiante universitario cantaba en un grupo llamado «Southernaires Quartet». Uno de mis himnos favoritos decía así:

¡Oh quién tuviera lenguas mil!
Gloria demos al Salvador.
Con gratitud al Rey decid:
Gloria demos al Salvador.

Estas estrofas, escritas por Charles Wesley, siempre han sido de inspiración para alabar a Dios en cualquier circunstancia, sin importar cuán maravillosa o terrible sea.

Por supuesto que es normal sentir ganas de alabar cuando Dios nos ayuda o nos bendice. Es cierto que deseamos alabarle cuando nos sana de alguna enfermedad o nos protege de algún mal. Pero para el creyente genuino, la alabanza no es solamente para los buenos momentos.

Un creyente sabe que puede confiar en Dios en medio de cualquier circunstancia, aún cuando no entendamos por qué las cosas ocurren como ocurren. El creyente siempre tiene una alabanza en los labios sin importar cómo transcurrirán las cosas. Sabemos que Jesús venció a la muerte y nos prometió una nueva vida. Sabemos que estamos escondidos en Cristo, la Roca de los siglos. Sabemos que nada nos puede separar del amor de Dios. ¡Nada!

El creyente acepta por fe la promesa de que Dios —ya sea en la vida o en la muerte, en el triunfo o en la prueba— todavía nos ama y nos libra del mal. De una vez y para siempre. Eso significa que no alabamos a Dios sólo algunas veces, sino que todo el tiempo le alabamos.

La tercera estrofa de este hermoso himno de Charles Wesley dice:

Jesús disipa todo mal,
Gloria demos al Salvador;
Nos da pureza celestial,
Gloria demos al Salvador.

¿Por qué cantamos? ¿Por qué alabamos a Dios? Es la consecuencia natural de conocer a Jesús y de creer que nos salva en toda adversidad. Y ello es razón suficiente para cantar a viva voz.

BELLEZA, SIMPLEMENTE PORQUE SÍ

Lynell LaMountain

ERA UNA TARDE HÚMEDA de diciembre frente a la costa de Aruba. Me zambullí en las cálidas aguas, purgué el aire de mi chaleco y me sumergí unos cuarenta y cinco pies hasta el fondo arenoso. En medio de las cálidas aguas —ochenta y tres grados de temperatura— podía verse hasta una distancia de sesenta y cinco pies a la redonda. Resaltaban a la vista los arrecifes de coral y los cardúmenes de diferentes tipos de peces. Este mundo subacuático emitía destellos de vivos colores y belleza. Un momento maravilloso. Espiritual. Todo lo que podía pensar era: «Mi Padre celestial creó todo esto».

Mientras buceaba con mi esposa, jugamos con una estrella de mar del tipo araña, de cuerpo marrón, sólo cinco pulgadas de ancho, y patas peludas y delgadas como espaguetis. Sentíamos un cosquilleo en los dedos mientras caminaba sobre nuestras manos. Un poco después, jugamos al escondite con un pulpo que, con un brusco movimiento, se ocultó entre los corales. Cada vez que nos «marchábamos», el pulpo se volvía a asomar para luego detectarnos y desaparecer como una flecha.

Cincuenta minutos después, teníamos que irnos pero me quedé unos segundos más. En ese momento, me di cuenta que no era necesario que Dios dotara al océano de tanta belleza. Muchos no se aventuran a ver lo que hay en este encantador mundo. Es verdad que podemos admirar los cielos con su bello atuendo de estrellas, la luna y los planetas, pero Dios también creó el arrecife de coral, los peces…y la estrella de mar araña. Entonces se me ocurrió que Dios disfruta de la belleza por ser bella.

Un dios más práctico habría creado un medio ambiente gris. ¿Para qué malgastar energía creativa en algo que se considera extravagante e innecesario? A menos que… ¡a menos que seas un Creador que disfruta de la variedad, al que le encantan los colores y se deleita en las sonrisas de sus hijos mientras juegan al escondite con un pulpo en una tarde soleada de diciembre en Aruba!

MÁS QUE VENCEDORES

Juan Colon

TRABAJO EN UN HOSPITAL donde puede comprobarse que Dios no ha inmunizado a los hombres o a las mujeres contra los problemas o la enfermedad. En cambio, prometió estar con nosotros en tiempos de necesidad (ver Salmo 37). No importa cuál sea tu problema, éste nunca debería interferir en tu relación con el Señor. El apóstol Pablo dijo: « Sin embargo, en todo esto somos más que vencedores por medio de aquel que nos amó.» (Romanos 8:37, NVI). No hablaba de cosas imaginarias, sino de lo real.

Mary llegó a la Sala de Emergencia de mi hospital con problemas respiratorios. Pensó que el médico realizaría un procedimiento de rutina y que podría volver a casa una vez terminada la consulta. Pero, en cambio, ella fue admitida y poco más tarde recibió malas noticias sobre su enfermedad. Tenía cáncer del pulmón, problemas en el hígado y además dificultades en el sistema respiratorio.

Supongo que si me dieran una noticia semejante, me desmayaría o me sentiría morir. Pero no fue así con Mary. Resolvió que si esa era la manera en que Dios quería recibir alabanza, lo alabaría con todo su corazón. Sería bajo los deseos de Dios, no los de ella. Y así lo hizo.

Hoy Mary está bajo tratamiento, luchando contra la enfermedad, agradecida de que Dios camina con ella como lo había prometido. Mary le canta a Dios, confía y espera en Él. No importa cuál sea el resultado, ¡ella se ha convertido en una vencedora!

¿Podrías tener esa misma actitud en medio de tus pruebas?

«¿Quién nos apartará del amor de Cristo? ¿La tribulación, o la angustia, la persecución, el hambre, la indigencia, el peligro, o la violencia? Sin embargo, en todo esto somos más que vencedores por medio de aquel que nos amó.» (Romanos 8:35, 37; NVI)

REHABILITACIÓN SECRETA

KIM JOHNSON

CRECÍ EN MEDIO DE UNA NUBE DE HUMO. Mi padre fue, durante muchos años, fumador compulsivo: con la colilla aún encendida de un cigarrillo encendía el próximo.

Un verano, mis padres vinieron a visitarnos a mi esposa y a mí durante la temporada que estuve en la escuela de posgrado. Los invité a ir a una feria del condado, algo anticuada, con la advertencia de que tenía que dar una charla sobre salud en el pabellón.

—Es sobre dejar de fumar. ¿Por qué no entras a escucharla?

—No, gracias— retrucó—. Es demasiado tarde para que abandone esto. Te veré en la carrera de caballos de tiro.

Para mi conferencia utilicé un maniquí especialmente diseñado. En la espalda tenía un hueco con espacio suficiente para albergar dos frascos de vidrio transparente con fibras filtradoras de un puro color blanco dentro de cada uno. Un tubo de goma iba desde los frascos al interior de la boca. Si se ponía un cigarrillo en la boca del maniquí y se accionaba una pequeña bomba, el maniquí inhalaba el humo. En poco tiempo los filtros se manchaban y se volvían gomosos, sucios con mugre cancerígena.

Al día siguiente, mis padres se regresaron a casa. Dos meses más tarde, mi padre me llamó por teléfono. Después de intercambiar algunas bromas, me dijo, con alegría:

—Por cierto, tu amigo Sam lo logró.

Hice un rápido repaso mental pero, confundido, le pregunté:

—¿Sam? ¿Cuál Sam? ¿De quién hablas?

—Ya sabes. El maniquí.

Me acordé que le habíamos puesto un nombre al maniquí de los dos frascos: Sam el fumador. En la feria del condado, mi padre se había escondido secretamente en uno de los rincones del pabellón y había estado escuchando toda la charla.

—Sí— siguió diciendo con orgullo. —Desde ese entonces no he vuelto a encender ni un solo cigarrillo.

No importa cuán arraigado esté ese viejo y perjudicial hábito, nuestro Padre celestial es siempre el Dios que nos da la posibilidad de un nuevo comienzo.

ESPERANZA EN EL DESIERTO

HERDLEY PAOLINI

NINGÚN VIAJE PODÍA compararse con aquel en el que me había embarcado. De pie en el borde de la meseta del lago Havasu, contemplando desde las alturas el Gran Cañón, me puse a pensar en nuestra salud mental. La caminata nos llevaría unas once millas por el desierto hacia el distrito de los navajos y terminaría en las bellas cascadas Havasupai, en Arizona.

Durante todo ese viaje, dondequiera que miraba veía el cañón: rocas, polvo, ni una sola gota de agua, ni señales de vida. Hasta que hicimos una curva al completar las siete millas. Allí estaban: en el medio de la superficie rocosa, sus hojas verdes cubiertas de polvo rojizo, unas flores blancas como la nieve, como desafiando a las rocas y al polvo que le servían de fondo, y llenas de vida. No había una sola gota de humedad en los alrededores, ni una onza de suelo fértil. El contraste era tan marcado que me detuve y recordé otras cosas que también desafían el entorno.

Pensé en los pacientes que desafían todos los pronósticos; en los niños que crecen en medio de la pobreza y las guerras; en los padres que se niegan a perder las esperanzas sobre su hija o hijo pródigo. Pensé en la esperanza: esa que se tiene en las cosas que, aunque rotas o muertas, todavía pueden florecer, como los vínculos que, por el paso del tiempo y la falta de cuidado, parecen haberse marchitado. Quizás se dijeron palabras duras que dejaron el alma seca como el paisaje; no obstante, en este desierto, las cosas vivientes existen en un estado latente.

Al iniciar las últimas cuatro millas, la idea de que la belleza puede hallarse en los lugares más improbables fue como un bálsamo para el corazón; la idea de que podemos crecer fuertes y sanos no importa el lugar donde estemos.

«El SEÑOR te guiará siempre; te saciará en tierras resecas, y fortalecerá tus huesos. Serás como jardín bien regado, como manantial cuyas aguas no se agotan.» (Isaías 58:11, NVI)

SHELL BEACH

Dick Duerksen

«A veces me siento y pienso;
otras veces, sólo me siento.»

EN EL ÁTICO DE NUESTRA CASA, oculto en algún sitio, hay un viejo póster con esas palabras enrollado apretadamente. A veces deseo poder entrar en ese tubo de cartón y descansar cómodamente, sin otra cosa que hacer excepto sentarme.

Mi esposa Brenda y yo pasamos una semana aparentando ser empleados de una empresa de mudanzas de California, transportando desde Yosemite treinta años de cosas de nuestro hogar.

La mudanza tuvo sus partes positivas. Nos encantó guardar y desechar. Nos encantó empacar. Nos encantó viajar por campos de algodón, almendras, naranjas, judías, y repollos. También nos encantó descargar las cosas. ¿Pero desempacar? Eso nos agotó. El lunes por la tarde sólo habíamos vaciado algunas cajas. Pero decidimos dedicarnos a ellas más tarde.

«A veces me siento y pienso; otras veces, sólo me siento.» El descanso resulta más eficaz en momentos en que la inactividad es un fin en sí mismo.

Entonces, antes de retornar al «Monte de las Cajas», Brenda y yo dimos un paseo por la costa, en Shell Beach, al final de una callejuela donde el tío Warren nos había asegurado que hallaríamos un lugar para estacionar. Tenía razón. Estacionamos, nos ajustamos el calzado y bajamos presurosos las escaleras que conducen a esas veinte millas de arena.

Caminamos… y conversamos… y caminamos… y callamos en la catedral de Dios.

El murmullo de las olas era como una música de fondo. El graznido de las gaviotas era como el sonar de clarinetes en los labios de niños de sexto grado. La arena chillaba al pisarla. Nos detuvimos, tomamos asiento y nos deleitamos en la calma. Más tarde (mucho más tarde), volvimos a las cajas, con nuevas energías y en medio de risas.

A menudo Jesús iba al monte, o a la playa; allí se sentaba durante horas para pensar, orar, descansar, o sentarse. Para prepararse.

Señor, enséñanos a tomarnos el tiempo para sentarnos.

UN SALTO HACIA EL FUTURO

LYNELL LAMOUNTAIN

A MI HIJO DE DOS AÑOS le regalaron una camiseta que dice: «¿Qué quieres hacer cuando tengas cien años?».¡Qué simpático! En mi mente di un salto hacia el futuro, cuando cumpla cien años. Me vi celebrando mi aniversario número setenta y siete con mi esposa Jennifer, llevando a mi hijo a bucear con los tiburones ballena de Australia, y participando en un viaje misionero con mis nietos.

Soy una persona con pocos remordimientos. Pero el hecho de imaginarme sano a los cien trae paz y tranquilidad a un aspecto de mi vida que suele entristecerme. Como verán, postergué tener un hijo durante dieciocho años. Pero ahora que él está aquí, y que tengo una relación tan estrecha, tan profunda con él, quiero patearme a mí mismo por haberme perdido tantos años maravillosos con él. Sin embargo, el llegar sano a los cien me permitirá recuperar esos años perdidos.

Así que para cumplir mi misión personal de vivir hasta los cien (o más), quiero implementar algunas estrategias para mi mente y mi cuerpo. Una de ellas es la de mantenerme mentalmente activo. Las investigaciones han demostrado que el cerebro crece y se mantiene sano cuando se usa y cuando se estimula. Algunas de las maneras en que puedo hacerlo es por medio del aprendizaje de otros idiomas o memorizando las promesas bíblicas.

Otra estrategia es la de comprometerme a hacer ejercicio físico. Esto llenará mi mente de optimismo, y mi cuerpo se mantendrá joven y fuerte. Según los científicos, hacer pesas dos veces a la semana ayuda a revertir el efecto fisiológico del envejecimiento.

Mientras escribo esto, sueño con vivir tantas cosas: bodas, cumpleaños, bautismos, reencuentros y celebraciones. Cuando llegue a los cien, espero que mi familia pueda ver en mí a un esposo, padre y abuelo completamente activo en todo momento… y que ellos puedan agradecerme el tiempo adicional que compartí mientras estuve con ellos.

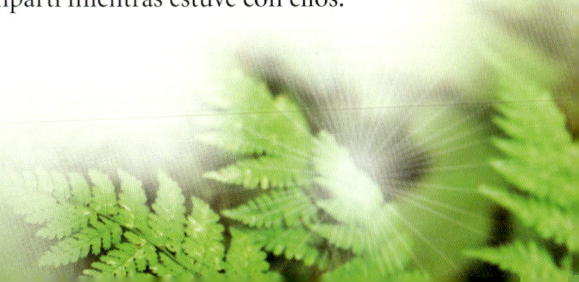

¡HAZLO OTRA VEZ, PAPI!

DES CUMMINGS

UNA VEZ, cuando estaba en el aeropuerto, descubrí la dicha de una bendición. El vuelo estaba demorado y la gente trataba de pasar el rato. Un niñito, sentado con su padre, comenzaba a mostrar señales de cansancio a causa de la espera. De repente, sus ojos brillaron y una sonrisa se le dibujó en el rostro al mirar a su padre.

—Papi, juguemos a algo— le dijo.

El padre supo por intuición lo que su hijo quería. Colocó al niño frente a él y empezó a preguntarle:

—¿Cuánto te ama tu papi?

Con una pícara sonrisa, el niño separó las manos a unas dos pulgadas de distancia y miró a su padre a los ojos.

—No, no, no. Tu papi te quiere mucho más.

El niño separó ahora las manos a seis pulgadas.

—No, más que eso.

Diez pulgadas —y el niño siguió separando las manos.

El juego siguió hasta que el niño separó los brazos lo más que podía. Las manos apuntaban a ambos extremos de la sala de espera. De puntillas y tembloroso, el niño trataba de alargar la distancia, y entre risitas se preparaba para lo que venía: era la parte del juego que más adoraba. El padre saltó del asiento, lo tomó de la cintura, lo lanzó al aire y le dijo:

— ¡Tu papi te quiere mucho más que eso!

Las risas del niño llenaron el entorno del aeropuerto. Mientras volvía a los brazos del padre, le rogó:

— ¡Hazlo otra vez, papi! ¡Hazlo otra vez!

Cuando vivimos la anchura del amor de nuestro Padre celestial, el corazón se estremece con la risa del amor, y deseamos sentir ese amor una y otra vez.

¡Hazlo otra vez, Papi! ¡Hazlo otra vez!

LLÁMALOS

Peter Bath

EL AEROPUERTO DE DENVER estaba repleto. Los viajeros habían estado lidiando con la nieve, el viento y el frío aquel día. Ahora estaban haciendo fila para chequearse, pasar por el punto de seguridad y correr a la puerta de embarque.

Ser empleado de la Administración de Seguridad en el Transporte debe de ser uno de los trabajos menos agradecidos, pues deben revisar todo y a todos. Muchas veces, estos empleados hacen que los pasajeros se tarden más en llegar a su puerta de embarque. A esto podríamos llamarlo: «la receta perfecta para lograr reacciones explosivas en personas impacientes.»

Sabía que yo mismo provocaría una demora. Cada vez que tomo un avión, algún empleado de Seguridad me hace unos «masajes en la espalda» todo porque la prótesis de mi rodilla hace sonar la alarma. Allí estaba yo, añadiendo tensión a un día ya bien agitado.

—Por favor, ingrese a la celda de detención. Estaremos con usted en breve.

Mientras esperaba, veía pasar una multitud de personas. El oficial que me pasó el detector de metales y me palpó estaba evidentemente ocupado, pero su actitud cambió cuando comenté sobre lo exigente que deben de ser para ellos los fines de semana.

Conversamos un rato y le conté que mi esposa estaba llegando en un vuelo desde Washington D.C. Me preguntó a dónde me dirigía.

—¡A casa, en Kansas!— respondí.

—Esto puede parecerle algo sentimental —me dijo— pero cuando recupere sus cosas y vaya a la puerta de embarque, llame a su familia y dígales que está bien. Son las personas más importantes en la vida.

Le di las gracias. Aquel hombre volvió a la fila de viajeros cansados y ansiosos con una sonrisa en el rostro. Un hombre ocupado en un lugar con mucha actividad se tomó el tiempo de recordarme llamar a mi familia para hacerles saber que estaba bien.

Estás ocupado, al igual que tus compañeros de trabajo. Tómate unos minutos para recordarles que alguien los aprecia y ayúdalos hoy a conectarse con las personas más importantes de su vida.

LO SUFICIENTE COMO PARA SABER

Jay Perez

¿CUÁNDO FUE LA ÚLTIMA VEZ que hiciste una pausa para tomarte un descanso?

Quizás pienses que estoy bromeando; quizás tengas vencimientos, responsabilidades que cumplir, reuniones a las que asistir, presentaciones y presupuestos que finalizar.

No obstante, en Salmo 46:10 Dios te invita a que te tomes un descanso: «Quédense quietos, reconozcan que yo soy Dios.» (NVI) Me gustaría sugerir también que el estar quietos (es decir, hacer una pausa), nos permite saber que Dios está con nosotros.

Estemos quietos unos minutos y detengámonos el tiempo suficiente como para saber lo especiales que somos para Dios y lo mucho que Dios nos ama. Esta mañana pudimos abrir los ojos, respirar, levantarnos de la cama: pudimos mirarnos al espejo, lavarnos la cara y asearnos. Pudimos usar las manos para tomar el cepillo de dientes; pudimos sentir el agua que corría por la espalda cuando nos duchamos y pudimos sentir la sangre circular por el cuerpo a medida que nos secábamos con la toalla. ¿Estás disminuyendo la velocidad… lo suficiente como para saber?

Quizás hayas ido a trabajar. ¿Sabes cuántos millones de neuronas se coordinan entre sí para que las manos, pies, ojos, oídos y todo lo demás trabajen en conjunto para evitar que choques con el auto que tienes delante? Pasaste el día moviéndote, hablando, comiendo, caminando y relacionándote con otros. Cuando recuestes la cabeza en la almohada, te darás cuenta, de repente, de que has vivido veinticuatro horas. En algún momento de esas veinticuatro horas tienes unos instantes para estar quieto, lo suficiente como para saber que pudiste hacer todo eso por la gracia de Dios.

¿Por qué no, entonces, hacer una pausa? Estemos quietos. Sintamos la paz. Lo suficiente como para saber…que Dios nos bendice.

UNA FRÁGIL TENSIÓN

Herdley Paolini

OJALÁ PUDIERA DECIR que los títulos aca-
démicos, el estatus, la riqueza o cualquier otra
cosa nos protegerán, de algún modo, de las pérdidas inesperadas de la vida. Al fin de cuentas, todos
somos iguales… nadie se salva. La muerte golpea, el
divorcio destruye, el cáncer causa estragos en el cuerpo. No hay ninguna tarjeta que diga «libre de tener
que ir preso». No parece justo, y nos preguntamos:
«¿Por qué a mí?». Pero cuando miramos a nuestro
alrededor y vemos tanto sufrimiento, tendemos
a cambiar la pregunta: «¿Por qué no a mí?». El
sufrimiento es algo que parece ser universal.

Cuando salgo de la protección de mi idealismo,
me enfrento al hecho de que las pérdidas no hacen
distinción. He aprendido que no siempre el universo
es un lugar seguro. Por otra parte, y probable-
mente al mismo tiempo, el mundo está lleno de
gracia inesperada. Vivimos la increíble tensión de
estar simultáneamente en la oscuridad y en la luz.

Vivimos el mal que no merecemos y el bien que tampoco merecemos. Si bien las pérdidas amenazan nuestro auto-control, siempre tendremos el único control que jamás nos quitarán: el de decidir cómo reaccionar a aquello que nos sucede. Por lo tanto, el momento decisivo no es la pérdida, sino cómo respondemos a ella.

A medida que elegimos la manera en que vivimos la pérdida y cómo reaccionamos ante ella, aprendemos que también se amplía nuestra capacidad de fortaleza, dicha, paz y amor. Tanto para mí como para ti, ya sea en la dicha o en la tristeza, deseo aquellas elecciones que son portadoras de vida, deseo gracia en el diario andar, y deseo una personalidad que madure en abundancia a lo largo de esa experiencia.

«Confía en el SEÑOR y haz el bien; establécete en la tierra y manténte fiel.» (Salmo 37:3, NVI)

LLENO HASTA REBOSAR

DICK DUERKSEN

EL AGUA YA NO FLUÍA por los manantiales, los pozos estaban vacíos, el lago era puro lodo y el tanque de reserva contenía suficiente agua para descargar la cisterna de un solo inodoro unas cincuenta veces. El campamento Pine Springs Ranch estaba totalmente seco y a la mañana siguiente se esperaba la llegada de doscientos niños para el campamento de verano.

El personal estaba malhumorado. Oramos durante toda la semana: «Señor, ¡manda lluvia, por favor!» Pero, en cambio, el Señor enviaba nubes dispersas y pequeñas. Intentamos comprar agua, pero nadie tenía. Cavamos trincheras, asumiendo que Dios enviaría un diluvio, pero las trincheras eran secos testimonios de nuestra decisión de «arreglar las cosas» por cuenta propia. Al final decidimos «rendirnos» y nos aprestamos a cerrar el campamento.

El sábado a la noche, el equipo de consejeros, cocineros, y líderes estaban sentados, frustrados y en silencio. «¿Por qué a nosotros? ¿Por qué ahora? Creí que éste era el campamento de Dios y que Él quería que lo organizáramos para los niños.»

Todos teníamos una extraña mezcla de amargura y desaliento, excepto Cyndi, una de las voluntarias. Se puso de pie y nos sorprendió con sus palabras:

«¡Si creen que éste es el campamento de Dios y que Él quiere que cuidemos de sus niños, será mejor que dejen de quejarse y duerman un poco para poder recibir mañana a una tropa de niños de nueve años! Él tiene suficiente agua en Su pozo.»

Ahí fue cuando las oraciones llenas de quejas y exigencias se transformaron en expresiones de aceptación e invitación. «¡Dios, tú tienes que…! » se transformó en «Prepárame para hacer tu voluntad.»

Treinta minutos después, uno de los consejeros descubrió que desde lo alto en el tanque de reserva rebosaba agua pura y cristalina. Las tuberías estaban aún calientes y secas; el agua no podía entrar al tanque a través de ellas, sin embargo, ¡estaba rebosando! ¡Treinta mil galones de agua! ¡Suficiente para tres meses!

Siempre hay suficiente agua en el Pozo de Dios.

UN BUEN ATERRIZAJE

THOMAS LEMON

SILENCIO, SHERRY.

Esas palabras prohibidas prorrumpieron de mis labios como un volcán nauseabundo y lograron acallar la oración de mi hermana melliza. Sherry siguió con su oración moviendo los labios en silencio. Así estaba mejor. Ella tenía todo el derecho de orar, pero lo último que yo quería en ese momento eran distracciones de cualquier especie.

Yo estaba piloteando un Piper pequeño; el avión se deslizaba por la cuesta de acercamiento hacia la pista de aterrizaje, pero algo andaba mal. El comandante de la nave, que estaba sentado a mi derecha, era el instructor. Pero mi tarea consistía en llevar la nave a tierra firme. El viento lateral llegaba a los límites predeterminados para el avión y lo bamboleaba como una cometa. Al no poder lograr el primer acercamiento, Sherry empezó a orar en voz alta, presa del pánico.

Después de otros tres intentos de acercamiento frustrados, logramos tocar la pista, y el vuelo tuvo un final feliz.

En medio de la crisis, se me ocurrieron dos alternativas. La más fácil —y obvia— era la de pedirle al instructor que aterrizara. La segunda era elegir otro aeropuerto donde el viento se alineara con la pista. Pero con ninguna de las dos alternativas hubiese adquirido el aprendizaje necesario.

En el último —y exitoso— acercamiento, presté suma atención a las palabras del instructor: «Sin flaps… velocidad aérea setenta… cruza los controles antes de levantar la cabeza del avión… aterriza sobre la rueda izquierda primero y quédate ahí.» Y después… ¡pum! ¡Qué alivio!

En Salud, La «C» de CREACIÓN tiene que ver con confianza. Confianza significa tener algún tipo de relación.

Sherry confió en el Señor. Yo confié en el instructor (y también en el Señor). Pero ambos buscamos ayuda en otros, no en nosotros. Proverbios 3:5 dice: «Confía en el Señor de todo corazón, y no en tu propia inteligencia.» (NVI) Ésta es la única garantía para un buen aterrizaje.

PÁSAME LA SAL

Robyn Edgerton

LA SAL ES ALGO TAN SIMPLE. Por lo general, no se le presta demasiada atención. Se puede comprar a bajo precio en cualquier tienda de comestibles. En realidad, nunca solemos pensar demasiado en la sal, pero la extrañamos muchísimo cuando falta.

¿Puedes recordar a alguna persona que sea así? ¿Que trabaje sin que los demás noten su presencia? ¿Que desinteresadamente sirva a otros, sin llamar la atención y que, sin embargo, extrañaríamos si no estuviera?

En su libro Looking for God, Nancy Ortberg escribe: «A veces Dios nos llama para que hagamos grandes cosas para Él. A veces nos hace salir de nuestra zona de confort para hacer cosas audaces en Su nombre. Pero, a veces, Dios solamente nos pide que seamos sal. Para muchos, la sal nunca es lo más importante, pero su ausencia se hace sentir, especialmente por los que ya saben el efecto que tiene.»

Muchas veces, simples acciones de cariño y bondad pasan inadvertidas. Una empleada se queda hasta tarde para ayudar a adelantar el trabajo para que su compañera pueda irse a su casa a cuidar a sus hijos. Una madre soltera comparte el dinero presupuestado para provisiones con una amiga cuyo automóvil se descompuso. Un ejecutivo ocupado reserva tiempo para hablar con un colega que tiene un hijo adolescente en problemas. Son muestras de bondad como estas las que muchas veces pasan inadvertidas, pero siempre marcan una diferencia en el mundo de aquellos que se ven tocados por esas acciones.

En el Sermón del monte, Jesús nos pidió que fuéramos la sal del mundo; que fuéramos fieles en esas pequeñas y rutinarias cosas de la vida. Si bien nuestras acciones pueden pasar inadvertidas, sin ellas —tal como ocurre con la sal— el mundo las extrañaría terriblemente.

«Ustedes son la sal de la tierra…Ustedes son la luz del mundo.» (Mateo 5:13,14; NVI)

INVERTIR EN ALGUIEN

CARL RICKETTS

ME CRIÉ EN BROOKLYN, New York, en edificio de viviendas económicas. El apartamento en el que vivíamos —éramos cuatro personas— tenía un solo dormitorio y un cuarto de baño. El baño de emergencia era una cubeta.

Al recordar, me doy cuenta de que Dios me dio la oportunidad de tener riquezas. Tengo un buen empleo, puedo manejar mi automóvil libre de deudas y vivo en una casa con tres baños.

Mi bella esposa y yo tuvimos la oportunidad de lograr una educación superior, y esperamos que nuestros hijos también lo hagan. Nuestros padres, que eran inmigrantes, invirtieron en nosotros y sacrificaron muchas cosas en sus vidas. Pero todo lo que tengo gracias al sacrificio que ellos hicieron puede, a veces, no dejarme ayudar a otros que sufren necesidad. Hay quienes anhelan una casa modesta, o que necesitan con desesperación un vehículo económico, o que sueñan con una beca para alcanzar una educación superior.

Si bien puedo sentirme muy orgulloso y decir que todo lo que tengo lo obtuve gracias a mi arduo trabajo, mi perspectiva es que fue Dios quien me dio esa riqueza para un propósito que Él diseñó.

Cuando veo a alguien que pasa necesidad, me veo a mí. Ambos tenemos ojos que están alertas, conciencias que despiertan compasión, y corazones que nos permiten detectar en qué momento es necesaria esa compasión. La diferencia es que uno de los dos tiene cosas para compartir.

Cada uno de nosotros está o estará en una posición de compartir o de ser compasivo.

Cuando sea mi turno de dar con compasión, ¿lo haré?

Esta es mi perspectiva actual. «Invierte en alguien, pues ya alguien invirtió en ti.»

«Si alguien que posee bienes materiales ve que su hermano está pasando necesidad, y no tiene compasión de él, ¿cómo se puede decir que el amor de Dios habita en él?» (1 Juan 3:17, NVI)

LIBRES DEL CAUTIVERIO

Farzad Nourian

DIARIAMENTE ME ENCUENTRO con personas que viven preocupándose por todo: por las cuentas, la economía, los cambios en los servicios de salud, las hipotecas, la reducción de presupuesto, el desempleo, las primeras impresiones, los robos de identidad, etcétera. De más está decir que no soy inmune a las preocupaciones. De hecho, hago un mejor trabajo en decirles a los demás que estén tranquilos que haciéndolo yo mismo.

Aprendí que se pueden perder horas, días y hasta meses a causa de las preocupaciones. No hablo de aquellas que permiten identificar problemas y resolverlos. Hablo de aquellas preocupaciones excesivas que nos paralizan y nos mantienen cautivos. ¿Tus preocupaciones te mantienen cautivo o eres realmente libre? ¿Eres adicto a las preocupaciones del mismo modo en que hay quienes son adictos a las drogas o al alcohol? ¿Piensas que las preocupaciones son un elemento natural de la vida?

La preocupación es una manera negativa de pensar que obliga a centrar nuestra atención en la dirección equivocada. La oración, por el contrario, centra nuestra mirada en Dios y trae una paz que trasciende todo entendimiento. La preocupación nos atrae como si fuese un imán. Dios quiere que llevemos todas las preocupaciones e inquietudes a Él pues tiene interés en ellas. La preocupación es lo contrario de la confianza. Debemos preguntarnos si en verdad confiamos que se encargará de los problemas, o si hemos decidido resolverlos por nosotros mismos. ¡Confiemos en Dios! Siempre está dispuesto a escucharnos y espera que acudamos a Él.

En este mundo de incertidumbre, cambios climáticos y trastornos económicos, ¿estás realmente libre de preocupaciones, o escogerás ser prisionero de ellas?

Mi oración y esperanza es que hoy elijas depositar tus preocupaciones en Dios y permitirle que te libere y te brinde aquella paz que sobrepasa todo entendimiento.

«La angustia abate el corazón del hombre, pero una palabra amable lo alegra.» (Proverbios 12:25, NVI)

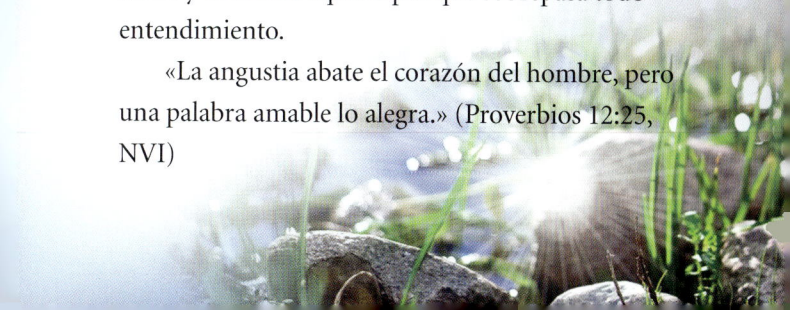

LAS BONDADES DE LA VIDA

Sandra Doran

JIM FINLEY NO TIENE la menor idea de dónde vino. Pero este hombre de ochenta y seis años no tiene la menor duda hacia dónde va. —La vida consiste en creer que lo mejor es lo que sucede. Dios tiene un plan para cada vida— dice.

Una investigación sobre su pasado reveló sólo un certificado de nacimiento falsificado, que escribió cuando adolescente. Según el certificado, el médico que estuvo en el parto fue un tal «Dr. Buena Postura».

Uno de los recuerdos más viejos de Jim es cuando tomó un autobús desde la casa de un tío en Georgia. Viajó solo a New York para irse a vivir con su madre. En once años asistió a siete escuelas. A los diecisiete años abandonó la escuela, se enlistó en la marina y aprendió el oficio de maquinista, el que le daría los medios para mantener una esposa y cuatro hijos.

—Dios siempre ha estado conmigo, aun en tiempos difíciles.

Esos tiempos difíciles habrían paralizado a muchos. Una niñez donde reinaron la pobreza y la vida dura. Un negocio construido con el sudor de su frente, que perdió cuando estaba a punto de retirarse. La pérdida de una de sus casas debido a la mala administración de un asesor financiero, y la pérdida de otra a causa de las violentas ráfagas del huracán Charley. Un triple bypass en 1984 que, supuestamente duraría sólo siete años. Una diabetes intensa que demanda pruebas de sangre y dosis de insulina inyectable a diario.

Sin embargo, Jim Finley camina por la vida con una actitud positiva. Su optimismo lo lleva a lugares que están más allá de las pérdidas de la vida diaria.

—Me gustaría volver a aprender a andar en bicicleta y tambien quiero tomar clases de computación— fue lo que dijo poco antes de cumplir ochenta y siete años.

Contra todos los pronósticos, Jim sigue creyendo en las bondades de la vida. ¿Y tú? ¿Tuviste dificultades en el pasado que pueden transformarse gracias a una actitud positiva?

UNA RAZÓN PARA VIVIR

GARFIELD BROWNE

No HAY MUCHAS SITUACIONES que me lleven a comer una barra de Snickers desde que hice mi resolución para el Año Nuevo. Sin embargo, cuando me enteré de que mi paciente había muerto repentinamente, decidí ir a la tienda.

Me subí a mi Ford Windstar modelo 1995 y empecé a murmurar contra Dios.

Con lágrimas en el rostro, me preguntaba, « ¿Por qué me has llamado para que vea morir de repente a las personas que amo? Esto no está bien, SEÑOR. ¿Por qué, SEÑOR? ¿Por qué? »

En breves instantes llegué a la tienda y fui derecho a donde están los chocolates. Oí que alguien me llamaba por mi nombre. Cuando miré, alguien me abrazó calurosamente y me dio un fuerte beso en la mejilla.

—¿No me recuerdas?— preguntó, mientras me sostenía de los hombros y me miraba a los ojos.

—Disculpa, pero no…— respondí con sinceridad.

—Soy Sue. Yo estaba en la unidad de cuidado intensivo hace un año. Te habían llamado para ayudarme después de mi décimo intento de suicidio. ¡Mírame ahora! ¿Ves lo bien que me encuentro? Estoy trabajando y le entregué mi corazón al Señor. Cada día le doy gracias a Dios por habernos conocido. Soltó una de las manos que había puesto en mi hombro y se secó algunas lágrimas.

Al instante me di cuenta de que era Sue, una de nuestras «clientes regulares» en el hospital. Recordé cómo las drogas y el maltrato habían destruido su vida. Era evidente que alguien más grande que yo la había tocado. Estaba demasiado conmovido como para pedirle los detalles. Pero ella me dio la respuesta:

—Jesús me dio una razón para vivir. Él murió por mí.

Fue entonces cuando entendí por qué. No se trata de nosotros, se trata de Él.

«Por lo tanto, si alguno está en Cristo, es una nueva creación. ¡Lo viejo ha pasado, ha llegado ya lo nuevo!» (2 Corintios 5:17, NVI)

COMPLETAMENTE VIVOS

KEVIN SHELLEY

HACE POCO VISITÉ el pueblo de Rossville, Indiana, donde mi abuela Hamilton vive en un pequeño asilo de ancianos.

Ese día fui al pueblo, estacioné mi camioneta y entré en un restaurante. Allí estaba mi abuela, sentada con otras cinco damas, disfrutando de un almuerzo. Una de ellas me vio primero y me reconoció. Mi abuela giró la cabeza y me miró con cara de perturbación.

Me senté y me puse a conversar con ella. No me reconoció. Mi abuela padece de la enfermedad de Alzheimer. Aunque es una hermosa mujer de alrededor de ochenta años y su estado general de salud es bueno, su mente no funciona bien. Creo que podría decirse que la abuela no está «completamente viva».

La realidad de la vida actual es que vivimos en un mundo disminuido, donde nuestras capacidades disminuyen y se deterioran. La nuestra es una cultura donde es más fácil desechar algo y reemplazarlo si ya no funciona bien, en vez de tomarnos el tiempo y los recursos necesarios para arreglarlo. Doy gracias a Dios que Él no lidia con nosotros como lo haría el mundo. No importa si no somos perfectos, Él sabe lo que valemos y tiene planes para nosotros. No importa si no funcionamos completamente, Él tiene un propósito para nuestras vidas.

Mi abuela es un testimonio del poder de Dios pues, a pesar de su estado mental, no ha olvidado a Jesús, su Señor. Todavía habla de Él y de la importancia que Él tiene en su vida.

Quien busca verdaderamente a Dios está completamente vivo sin importar su condición o circunstancias. Mientras permanezcamos con Dios, estaremos completamente vivos.

La Gloria de Dios es el hombre completamente vivo.» (San Ireneo)

¿ROBOTS VEGETARIANOS?

CLIFFORD GOLDSTEIN

EL NOMBRE TÉCNICO ES Robot Táctico Energéticamente Autónomo (EATR, por sus siglas en inglés). Estos robots están diseñados para abastecerse a sí mismos ingiriendo cualquier tipo de biomasa que encuentren en el entorno (ramitas, hierba cortada, corteza de árboles, etcétera). Aunque todavía se encuentran en la etapa de producción, se considera que el ejército de los Estados Unidos podría llegar a utilizarlos (como si fueran aviones a control remoto, sólo que éstos permanecen en tierra). Según las noticias, estos robots podrían comer restos animales; no obstante, la empresa que los fabrica afirma que no programarán a los robots para cosa semejante.

Según el dueño de la empresa, «si algo no está en el menú, no lo comerá». En resumen, son robots vegetarianos.

Hace algunos años, un filósofo francés afirmó que «el ser humano es exactamente lo que come y punto». Si bien es casi una exageración, la ciencia médica ha demostrado la importancia de la dieta para nuestra salud y bienestar general. Lo que comemos (y bebemos) es lo que realmente importa.

Pero la buena noticia es que Dios nos ofrece una rica y abundante variedad de deliciosas frutas, cereales, frutos secos y verduras. Todo ello suple —y aun excede— las necesidades básicas de la dieta diaria y nos ayuda a mantenernos sanos y en forma. Esto es importante, pues la Biblia afirma que nuestros cuerpos son el «templo del Espíritu Santo.» (Corintios 6:19, NVI) Debemos cuidar estos templos, y para ello, la dieta diaria cumple una función muy importante.

«Si, pues, coméis o bebéis o hacéis otra cosa, hacedlo todo para la gloria de Dios.» (1 Corintios 10:31, RVR1995)

Si bien no somos robots tácticos energéticamente autónomos, podemos programarnos para comer y beber para la gloria de Dios y para el bien de nuestra salud.

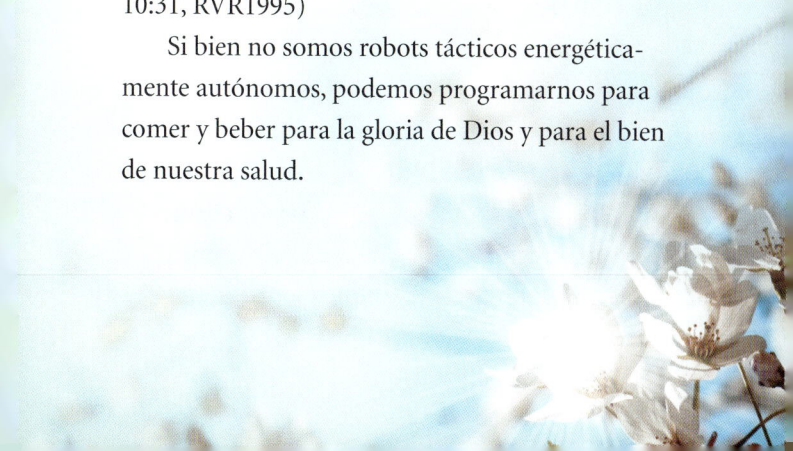

NO SOLO MIS MANOS

Adriana Pasos

A SU LADO PASABA el personal médico en dirección al salón de conferencias contiguo a la sala de espera. ¿Sería este un amigo o familiar de algún paciente del hospital? Nadie lo sabía.

Durante la última media hora el guardia penal había mantenido la mirada fija en los preparativos en el salón de conferencias. Vio cómo entraban una vasija finamente decorada junto con un recipiente de agua. Del salón se podía escuchar una suave música; escuchó que, por los altoparlantes, el capellán invitaba a todos a la ceremonia de bendición de las manos. Miró a las enfermeras y al personal entrar antes de regresar a su lugar de trabajo.

Durante casi una hora miró y escuchó. Una vez que la cantidad de personas había mermado, se me acercó, con timidez, a la entrada del salón de conferencias, donde me había puesto a saludar a la gente.

—Disculpe… eh… ¿podría… eh… podría pedirle un favor? ¿Cree usted que… que yo también podría recibir la bendición?

—Claro que sí— le respondí.

—Es verdad que no soy enfermero ni nada de eso, pero sí puedo orar.

Le puse la mano en el hombro y lo invité a entrar. La suave música le daba algo de sagrado a aquel salón común.

Extendiendo las manos al capellán, el hombre de repente dijo:

—No, reverendo, no sólo las manos. Quisiera que me vertiera agua en la cabeza también. Quiero que me deje limpio.

Fluyó el agua y también la bendición. El rostro del hombre irradiaba paz, una paz que sólo proviene del poder purificador de Dios.

«Lávame, y quedaré más blanco que la nieve.» (Salmo 51:7, NVI)

LA ÚLTIMA PALABRA

Daniel Monzon

¿**A**LGUNA VEZ TE PREGUNTASTE por qué siempre queremos tener la última palabra en cualquier discusión? ¿Qué es lo que nos impulsa a discutir hasta acallar al «rival»? Y sobre todo, ¿por qué esa sensación de derrota cuando no tenemos nada que decir en respuesta?

Cuando de ganar o perder en una discusión se trata, reconozco que he estado en ambos extremos de ese espectro. La experiencia me indica que existe un deseo innato en los seres humanos de tener la razón y de demostrar que el otro está equivocado.

Hace poco sentí esa sensación de vacío familiar después de que una discusión derivara en problemas conyugales. Sabía qué era lo que debía hacer: perdonar. No obstante, me resistí porque me sentía lastimado.

En la obra Martes con mi viejo profesor, una de las lecciones que Morrie le dio a Mitch fue la siguiente: «Aprende a perdonarte y a perdonar a los demás» (página 18). Es una lección difícil de aprender, pero fundamental si queremos vivir la vida como Dios quiere.

Las Escrituras ofrecen muchas palabras de aliento cuando de perdonar y ser perdonado se trata. Entre ellas, las más poderosas provienen del Padrenuestro, en Mateo 6:12: «Perdóna nuestras deudas, como también nosotros perdonamos a nuestros deudores.» (RVR1960) Esto es una promesa y, a la vez, un desafío. Dios nos ofrece su perdón y nos desafía a abrir el corazón para perdonar a otros.

Dios no nos pide que hagamos algo que Él mismo no está dispuesto a hacer. Nos brindó el ejemplo de perdón más grandioso que el hombre haya conocido. Ese ejemplo fue la muerte de Cristo en la cruz. Es por medio del poder de la gracia de Dios y su perdón que recibimos la vida.

Rindámonos entonces a la influencia de Dios y su ejemplo. La próxima vez que sintamos la necesidad de «ganar» una discusión a toda costa, elijamos perdonar. Sí: ¡perdonar!

PARA CORAZONES HERIDOS

Todd Chobotar

AL IGUAL QUE EL PADRE NUESTRO, el Salmo 23 es uno de los pasajes bíblicos más amados y que más se recita de memoria. Se lee en las iglesias, se recita en los discursos, se canta en el lecho de los enfermos y se susurra en los funerales. Sus seis estrofas, aunque sencillas, le han traído paz a millones de personas a lo largo de tres mil años.

En mi caso personal, este poema siempre lo he visto como una oración. Cada vez que llego al final de esta obra maestra del rey David, me dan ganas de decir «Amén» —aunque esta palabra no figura en el texto.

Esta es una versión contemporánea del Salmo 23, escrita a modo de oración personal a Dios, una conversación íntima con el Buen Pastor. Pido al Señor que esta oración llegue a tu corazón y la tengas a mano cuando más la necesites.

Salmo 23:
Una Oracion Para Corazones Heridos Y Esperanzados

Señor, tú eres mi fiel pastor,
Tú suples mis necesidades más profundas.
Guías mi corazón agobiado a pastos seguros,
Y me llevas a aguas tranquilas.
Ofreces descanso a mi alma inquieta.
Por amor de tu nombre
Pones mis pies en veredas de justicia.
Pero aunque ande en caminos de desolación,
De dolor o tristeza, de enfermedad o muerte,
No temeré.
Pues el sufrimiento es derrotado
Si tú estás conmigo.
Tu presencia es todo el consuelo
Y valor que necesito.
Me das motivos para ser dichoso
A pesar de las pruebas.
Me bendices con dicha inesperada;
Mi corazón rebosa.
Tu amor y gracia me siguen
Todos los días de mi vida.
Estoy agradecido y tengo seguridad al saber
Que tú, mi fiel pastor
Me sostienes en tus brazos
Y que nunca me abandonarás
Ni ahora ni nunca.

Amén.

LA IMPORTANCIA DE UN NOMBRE

Theo Stewart

HACE ALGUNOS AÑOS mi hija, que para aquel entonces tenía seis años, recolectó una gran suma de dinero para fines caritativos. Cuando el periódico local se enteró, publicó la historia y su fotografía. Al igual que yo, mi hija estaba orgullosa de ver su nombre escrito en el periódico. Se siente bien cuando vemos nuestros nombres escritos o escuchamos que alguien nos llama por el nombre.

Cuando alguien escuchó el nombre Jesús de Nazaret, preguntó: «¿De Nazaret puede salir algo bueno?» (Juan 1:46, RVR1995) Era evidente que la reputación de la ciudad de Nazaret no era muy buena, a tal punto que sus habitantes eran manchados con ella.

Por otra parte, un día un ciego se enteró de que Jesús pasaba por allí, y clamó: «¡Jesús, Hijo de David, ten compasión de mí!». El nombre de Jesús generó esperanza y valor en este hombre. Lo mismo sucedió con algunos leprosos y una mujer que había estado enferma durante muchos años. El nombre de Jesús trajo esperanza, valor y fe. La mujer extendió la mano y tocó el ruedo del manto de Jesús y eso la sanó.

Escuchar el nombre de Jesús me reconforta y me da seguridad, pues recuerdo los momentos en los que tuve miedo o me sentí inseguro, o tuve problemas, o había sufrido rechazo, o fui malentendido o menospreciado. En esas ocasiones oraba a Jesús y le pedía que me ayudara a sobrellevar todo aquello. ¿Y sabes qué? Nunca me ha fallado… ni me fallará.

Cuando los demás piensan en ti, ¿se les dibuja una sonrisa en el rostro? Cuando los demás piensan en ti, ¿se ven reconfortados porque saben que te preocupas por ellos, porque eres honesto, confiable, comprometido y sincero? Todo esto genera una sensación de bienestar en ti y en las personas con las cuales te relacionas.

«Más vale el buen nombre que las muchas riquezas, y la buena fama vale más que la plata y el oro.» (Proverbios 22:1, RVR1995)

EL TOQUE DEL AMOR

KEVIN SHELLEY

CUANDO TRABAJABA en un pequeño hospital del oeste de Tennessee, ocupé varios puestos en esa institución. Por un tiempo estuve en el departamento de ingeniería. Una de mis responsabilidades consistía en realizar mantenimiento preventivo de los equipos del hospital. Por esa razón, solía pasar bastante tiempo en el sector médico/quirúrgico y en los cuartos de los pacientes para realizar mi trabajo.

Nunca olvidaré el día en que conocí a la pequeña Anna. Las únicas señales de vida eran los signos vitales que eran monitoreados y registrados. Anna yacía inmóvil, con sus ojos abiertos, como si estuviera congelada. Supe que padecía de trastornos de crecimiento. El abandono e indiferencia se habían convertido en su dieta diaria, a tal punto que la falta de amor y atención la habían anulado emocional y físicamente. Nos dieron instrucciones de que cada vez que pasáramos por su habitación, teníamos que acercarnos, hablarle y tocarla, o alzarla y cargarla por un rato. La prescripción médica para esta niña agonizante consistía en la interacción con otras personas. Fue asombroso ver la manera en que, poco a poco, esta niña volvía a la vida, tan sólo con esas pequeñas muestras de amor.

Hay quienes pasan horas tratando de desarrollar la mejor manera de tocar un objeto inanimado, como por ejemplo un piano, con el fin de producir un bello sonido. También hay quienes pasan horas reescribiendo poemas o volviendo a pintar cuadros, pues un toque acertado puede resultar en una obra de arte. ¿Pero qué hay de la inversión en la vida humana? Mientras hacía trabajos de mantenimiento preventivo en equipos hechos por el hombre, aprendí que, en realidad, somos nosotros los que necesitamos cuidados preventivos.

En Lucas 4:40 leemos: «Al ponerse el sol, la gente le llevó a Jesús todos los que padecían de diversas enfermedades; él puso las manos sobre cada uno de ellos y los sanó.» (NVI)

Así como lo fue en tiempos de Jesús, el toque del amor aún da vida.

OLVIDANDO LO QUE QUEDA ATRÁS

Tami Cinquemani

CUANDO ESTABA EN LA ESCUELA secundaria, salí con un muchacho que me robaba, me mentía y me faltaba el respeto. Fue la peor pesadilla de mis padres y servía de catalizador para las constantes tensiones que surgían en mi casa. Si bien este joven me causó mucho dolor, puedo decir con sinceridad que no le guardo rencor. Éramos adolescentes. Ahora que soy adulta, recuerdo el pasado y veo un joven sin un padre que le enseñara cómo un hombre debe tratar a una mujer. Puedo imaginar una persona enojada y con miedo que quería que los demás sintieran ese mismo miedo y enojo. Creo que albergar resentimientos puede paralizar a una persona y que el perdón puede dar libertad.

Es cierto que el pasado contribuye a lo que somos hoy, pero somos nosotros mismos los que elegimos qué hacer con todas esas experiencias de la vida, sean malas o buenas. Del mismo modo en que nos beneficiamos del amor incondicional de un padre o de las palabras de aliento de un mentor, también aprendemos de aquellos que no siempre han deseado lo mejor para nosotros. Podemos aprender a ser pacientes gracias a quienes nos demostraron impaciencia, y podemos aprender a ser misericordiosos gracias a quienes no lo fueron con nosotros.

En Filipenses 3:13-14 leemos lo siguiente: «Más bien, una cosa hago: olvidando lo que queda atrás y esforzándome por alcanzar lo que está delante, sigo avanzando hacia la meta para ganar el premio que Dios ofrece mediante su llamamiento celestial en Cristo Jesús.» (NVI)

Cristo nos ha llamado a cada uno de nosotros para cumplir un propósito mayor; sin embargo, es probable que nunca lo entendamos o descubramos si seguimos paralizados a causa de las desilusiones del pasado. Aferrarnos al enojo o al dolor puede producir cierto tipo de consuelo, pero es hora de darnos cuenta de que no seremos libres para cumplir la obra que Dios quiere que hagamos si nos mantenemos cargando el pesado «equipaje» del pasado.

CUANDO LOS FRENOS NO FUNCIONAN

Peter Bath

Era una noche oscura y lluviosa en Dayton, Ohio, cuando volvía a mi casa manejando mi viejo pero confiable auto. Y ocurrió lo que tenía que ocurrir. ¡Los frenos dejaron de funcionar mientras iba a 60 millas por hora! El pedal quedó inservible. Mientras procuraba no entrar en pánico, vi que estaba llegando a la rampa de salida. Pero, en vez de salir por ella, seguí de largo velozmente mientras trataba de averiguar cómo bajar los cambios de la transmisión automática. El problema es que con semejante velocidad, no lograba hacer lo que me proponía.

Una oración y una idea aparecieron en mi mente. ¡El freno de emergencia! Lo accioné gradualmente, y el auto logró reducir bastante la velocidad. Con cautela tomé la siguiente rampa de salida. Manejando en primera llevé el auto a una parada segura en un taller mecánico cercano…y respiré aliviado.

¿Qué sueles hacer cuando los frenos de la vida no funcionan? ¿O cuando los exámenes médicos no arrojan buenos resultados? ¿O cuando llegan los papeles de divorcio? ¿O cuando tu seguridad económica se derrumba? Cuando la vida te presenta sorpresas desagradables, ¿qué es lo que haces? Algunos reaccionan con mucha calma y valentía, pero otros entran en pánico o se resignan a sufrir lo inevitable. Hay también quienes perseveran y esperan con gran determinación.

No siempre la vida es como la hemos deseado o planificado. Es ahí donde descubrimos los tesoros que guardamos en el corazón y en el alma.

¿Cuál es tu freno de emergencia? ¿De qué manera reduces la marcha y vuelves a dominar las situaciones que, a los ojos de los demás, parecen estar totalmente fuera de control?

La oración es mi freno de emergencia. Para conocer lo que mi corazón y alma atesoran debo reducir la velocidad, pues, muy a menudo, sigo con mi ritmo apresurado. Como bien dijo el salmista: «Quédense quietos, reconozcan que yo soy Dios…» (Salmo 46:10, NVI) Cuando dedico tiempo a orar, no sólo gano confianza, sino también una perspectiva nueva y distinta sobre los desafíos de la vida.

UNOS ZAPATOS MUY ESPECIALES

ADRIANA PASOS

ME AGRADAN TUS ZAPATOS— le dije cuando entró al ascensor un día temprano por la mañana. Eran una combinación de rosa e intenso aguamarina; lucía también una sudadera con un osito sonriente. Me di cuenta de que eran sólo esfuerzos para ocultar, de algún modo, su dolor.

—¡Ah!— respondió, mirando brevemente, bebida en mano y tratando de sonreír. Me los puse para alegrar a mi hijo.

—Lo siento. Espero que se recupere pronto— respondí.

Asintió con la cabeza y bajó la mirada. Cuando las puertas del ascensor se abrieron, habló con suavidad, intentando contener las lágrimas.

—Necesita muchas oraciones— dijo.

Con la mano retuve las puertas que se estaban cerrando. No quise parecer torpe, y le pregunté si podía orar con ella. Vaciló unos instantes, pero luego asintió.

La tomé de las manos y, entre susurros, hice una sencilla oración. Le pedí a Dios que hiciera lo que solo Él sabe hacer en momentos como este: traer paz y dar fuerza. Mientras decía «Amén», me pregunté por qué Dios no me había inspirado un poco mejor para orar; por qué no me había hecho hablar con más elocuencia para aliviar el dolor de esta mujer.

—¡Gracias! ¡Qué manera más hermosa de empezar el día!—. Cuando pronunció estas palabras, me di cuenta de que, en realidad, no me había escuchado a mí, sino la voz que cualquiera puede escuchar al acercarse al trono de gracia: la voz de nuestro Papá, nuestro Padre celestial, cuyo amor es sin medida, y que siempre nos susurra con mucha suavidad: «Nunca te dejaré ni te abandonaré. Aunque atravieses situaciones que no tienen explicación, aunque tu dolor sea espantoso, cuando creas que estás solo, yo estoy contigo. Siempre estaré contigo. Mi amor por ti no cesará nunca».

PERDONAR PARA SER LIBRES

Candace Huber

Un día, muy tarde por la noche, manejaba por una carretera oscura y resbalosa de camino a casa. Estaba virando para guiar el automóvil en el camino de entrada a mi casa cuando escuché un ¡BLAM! Alguien había golpeado el auto por detrás; el empujón hizo que diera contra el parabrisas, y el automóvil terminó sobre el césped. Aunque me dolía el cuello, me di vuelta para ver quién era el culpable, que estaba frenando. Un joven bajó del auto y se disculpó. Llegaron la policía y servicios de emergencia para evaluar el daño e intercambiar datos y pronto todos se marcharon. Unos días más tarde me enteraría de que los costos para la reparación de los daños en mi auto serían cuatro veces más altos pues el joven no tenía seguro de automóvil. Ahora no sólo tenía daños físicos, sino que también el accidente me estaba perjudicando en el plano material. Y, para colmo, el joven había mentido. Todo esto era injusto, y yo estaba enojado.

Generalmente trato de no darle tanta importancia a las cosas. Pero en este caso, el enojo, el resentimiento y la frustración duraron muchos días. Me repetía a mí mismo lo que dicen las Escrituras: «El amor no se enoja fácilmente, no guarda rencor.» (1 Corintios 13:5, NVI) El enojo permaneció hasta que me puse a pensar en el perdón y en el proceso llamado re-enfoque.

En mi caso, debí re-enfocar mis pensamientos sobre el accidente. Recordé aquella tarde oscura y lluviosa, lo sinuosa que es la calle en la que vivimos, y lo cerca que está del lago. Me puse a pensar en «¿Y si…?». ¿Y si el joven se había dormido y no hubiese golpeado mi auto, se hubiese tragado la curva y hubiese ido a parar al lago, y…? A medida que mi mente repasaba todo el proceso, de pronto sentí alivio. No había ocurrido ningún daño irreparable; nadie había muerto. En un instante, las nubes negras de la mente se dispersaron; el enojo se había ido. Estaba libre.

DONDE TODOS SABEN TU NOMBRE

Jay Perez

> «Allí donde todos saben tu nombre
> y se alegran de que hayas venido.»

¿**RECUERDAS ESA CANCIÓN?** Era el tema central de una de las comedias de situación más populares de los años noventa: Cheers.

El mensaje de la canción mostraba cómo es un lugar de pertenencia; un lugar donde podemos ir y ser nosotros mismos y compartir las necesidades y esperanzas, y donde los demás nos escuchan. Un lugar donde podemos ser francos y humanos, auténticos, aún con nuestros defectos. Un lugar donde los demás nos reciban con los brazos abiertos. ¡Qué buena noticia! Pero la mala noticia es que ¡sólo estamos hablando de un bar!

Ojalá esta canción pudiese ilustrar la vida en un lugar o comunidad diferentes, como por ejemplo una escuela o una iglesia. ¿Y tu lugar de trabajo? ¿Tu hogar? ¿Tu iglesia? ¿Sientes que perteneces allí? ¿Un lugar donde «todos saben tu nombre y se alegran de que hayas venido»? ¿Un lugar donde puedes ser real y humano? ¿Un lugar que suple tus necesidades y colma tus esperanzas?

Trabajo en un hospital. Aprendí que la palabra «hospital» tiene la misma raíz que la palabra «hospitalidad». Seguramente estuviste en un lugar así, ¿verdad? ¿Un lugar donde la hospitalidad es la esencia de la cultura? ¿Dónde la gente te recibe con afecto y te cuida y cubre tus necesidades aún antes de que lo pidas? La palabra «hospitalidad» evoca calidez y paz. El diccionario la define como «un lugar donde alguien puede sentirse como en su propia casa».

Podrías preguntarte a quién se le habrá ocurrido esta idea de la hospitalidad. Si entendí bien la historia, fue Alguien llamado Dios, que nos amó tanto que extendió su hospitalidad al mundo dándonos su gracia y amor. Por medio de su ministerio nos dijo: «Te amo, confío en ti, te acepto y te doy nuevas esperanzas para el futuro».

NUNCA ESTAS SOLO

G R E G O R Y E L L I S

*E*L MES DE JULIO me trae recuerdos de
pasadías, fuegos artificiales y tardes soleadas
de playa. Para nuestra familia, es un mes que trae
la emoción de renovar una costumbre muy apre-
ciada durante los últimos veinticinco años. Cuando
mi esposa y yo terminamos nuestros estudios,
nos comprometimos con otras dos parejas a que,
no importara donde Dios nos llevase, nos encon-
traríamos todos los años para pasar un largo fin
de semana juntos. Y ese compromiso se convirtió
en una tradición y fue el origen de unos vínculos
entrañables.

A medida que llegaban los hijos y las responsabilidades cambiaban, tuvimos que ajustar la fecha en
varias ocasiones. No obstante, esos fines de semana
se han llevado a cabo sin interrupción. Reímos
con viejas bromas y lloramos cada vez que un ser
querido partía. Podemos recordar las distintas casas
en las que estuvimos según el anfitrión de turno. Si

bien los niños ya están crecidos y estudiando en la universidad, todavía hoy esperan con ansiedad a que llegue julio para la reunión anual.

Vínculos entrañables. Con estos amigos, puedo ser yo mismo: auténtico y genuino. Pude contar con su consejo y guía en momentos de dolor y adversidad. Aún hoy, cuando en el día tengo un momento de dicha, trato de mandarles un breve mensaje de texto.

Estos vínculos me brindan un tenue vistazo de lo que es para mí el amor de Dios: sólido, fuerte y consistente. Nunca me fallará, y siempre desea lo mejor para mí.

Dios te ha creado para que te relaciones, no para que estés aislado: compañía, no soledad. Si alimentas vínculos significativos en tu vida, vivirás la dicha para la cual Dios te creó.

«En todo tiempo ama el amigo…» (Proverbios 17:17, NVI)

¿QUÉ VES?

LYNELL LAMOUNTAIN

*H*ACE ALREDEDOR DE unos cinco años alguien me pidió que hallara una oración en esta sucesión de letras: OPPORTUNITYISNOWHERE

¿Qué ves? ¿«Opportunity is now here»?[1] ¿O «Opportunity is nowhere»?[2] Un viejo proverbio judío dice: «No vemos las cosas como son, sino como nosotros somos». ¡Ay!

Nuestra perspectiva es poderosa y determina aquello que somos y lo que creemos que Dios es capaz de lograr por nosotros, en nosotros y por medio de nosotros. Puede ser una bendición o una maldición, tanto para nosotros como para los demás. Sería entonces útil hacernos la pregunta que por primera vez hizo Dios en Génesis 18:14: «¿Acaso hay alguna cosa difícil para Dios?». La respuesta es un contundente… NO.

Mientras aprendo a ser más optimista, me concentro en contar las bendiciones (y no las cargas) y en hallar esperanza en cada situación. Una vez leí una historia muy interesante en el *Western Journal of*

Medicine. Dos oncólogos habían presentado unas ponencias para una reunión nacional.

—Bob, no entiendo— dijo uno de ellos—. Usamos los mismos medicamentos, las mismas dosis, y los mismos horarios y criterios de selección. Y sin embargo, sólo obtengo una tasa de respuesta del 22 por ciento, mientras que en tu caso es del 74 por ciento. Nunca había oído algo igual en casos de metástasis de cáncer de pulmón. ¿Cómo lo logras?

—Bien— respondió el otro médico, —los dos usamos Etoposide, Platinol, Oncovin e Hydroxyurea. Tú les dices a tus pacientes que les estás dando E.P.O.H. Pero yo les digo a los míos que les estoy dando H.O.P.E.[3]…y les doy a entender que tenemos buenas posibilidades de supervivencia.

¿Dónde estaba la diferencia? En la perspectiva. Vuelvo a preguntar, entonces, qué oración es la que ves en esta sucesión de letras:

OPPORTUNITYISNOWHERE

Ya sea que leas una u otra de las oraciones de arriba, es válido para ti. Elige entonces concentrarte en la gracia y poder sin límite de Dios para vivir tu vida al máximo.

[1] N del T: La oportunidad está aquí y ahora.
[2] N del T: La oportunidad no está en ningún lugar
[3] N del T: en inglés, "hope" significa "esperanza"

¿CÓMO CRECE TU JARDÍN?

A R T B A K E W E L L

UNO DE LOS PRINCIPIOS fundamentales de
la jardinería es que la preparación consti-
tuye el noventa por ciento de la cosecha. Planificar
el lugar, decidir el cultivo deseado, elegir la semilla,
labrar la tierra, preparar el suelo, fertilizar y plantar
son pasos esenciales que tienen lugar mucho antes
de que las hojas de rábano se asomen por los sur-
cos. También es verdad que, luego, el jardín necesita
cuidado. En realidad, no se necesita demasiado
tiempo; sólo unos minutos al día para regar, remover
algunas malezas, apuntalar una enredadera e ir detrás
de algún mantenido. Los resultados de una buena
planificación y de una atención esmerada pueden ser
asombrosos.

Otro principio fundamental de la jardinería es
que si plantamos pero no volvemos para cuidarlo, el
jardín crecerá igual; pero nunca será lo que habíamos
esperado. Si somos descuidados y el ocio nos seduce,
el jardín nunca llegará a su potencial. Si bien puede

crecer algún tomate sin que lo afecten los gusanos o algún animal, el botín se pierde entre las malezas y los intrusos.

La jardinería, cual metáfora de la vida, nos da una lección esencial. En el intento de cultivar, es una triste verdad que, si bien plantamos, a veces no cuidamos aquello que plantamos. Las distracciones de la vida y el ocio suelen ganar la batalla por nuestra atención. La pesada tarea de arrancar las malezas (la escuela, el entrenamiento, la autodisciplina) da lugar a la pereza de la hamaca (ocio, entretenimiento, diversión). Los esfuerzos de una cuidadosa planificación se pierden a medida que las frías y sigilosas sombras dan paso al atardecer. Nuestras elecciones ejercen una poderosa influencia sobre los resultados que obtengamos.

El prudente, con la vista puesta en la cosecha, se compromete a hacer la tarea; el resultado será la belleza y bendición de la abundancia. No es necesario un esfuerzo sobrehumano para lograr la cosecha de los sueños; sólo decisiones sabias de las que debemos ocuparnos de manera leal y consistente.

AMAOS LOS UNOS A LOS OTROS

Dick Duerksen

ROSELLA SIEMPRE ES la primera en llegar. Como el día en que supo de Sabrina y Héctor y condujo hasta su casa.

Sabrina tenía dieciséis años, era soltera y estaba embarazada de ocho meses y medio. Héctor tenía trece. La madre de ambos estaba en prisión. No tenían ingresos, y la casucha a la cual ellos llamaban «casa» no tenía electricidad, agua ni aire acondicionado. No había comida, y el calor de verano superaba los 100 grados.

Rosella golpeó a la puerta, saludó, miró y, en un brinco, entró en la casa. Primero llevó a Sabrina al médico para asegurarse de que el bebé estuviera bien. Después pagó la cuenta de la electricidad y encendió el aire acondicionado. Pagó también la cuenta del agua, que volvió a fluir en la casa, y después llevó a Héctor al mercado y llenó la casa con provisiones.

Dos semanas después, la madre salió de prisión, volvió a una casa cómoda y limpia, con luz, agua, comida, aire acondicionado y una niña de tres días de vida durmiendo plácidamente en una cuna nueva.

Rosella y sus amigos de la iglesia habían comprado la cuna y traído cajas de ropa para bebé, jabones, sonajeros, chupetes, y todo aquello que podría serle útil a Sabrina. Limpiaron toda la casa y trajeron comida todos los días, para ayudar a cuidar al bebé.

El siguiente fin de semana, la mamá de Sabrina fue a la iglesia de Rosella y pidió dedicar a Carmelita.

Después del servicio, la mamá de Sabrina entregó un sobre al pastor en el que había un billete de cinco dólares y una sencilla nota: «Nos han dado nueva vida. Cada mañana agradezco a Dios por esta nueva oportunidad de hacer elecciones diferentes en la vida. Nos han mostrado a Jesús. Por favor utilicen esto para ayudar a alguien que lo necesite más que nosotros.»

El pastor le dio el dinero a Rosella. «Tú sabrás cómo utilizarlo», le dijo con una sonrisa.

«Éste es mi mandamiento: que se amen los unos a los otros.» (Juan 15:17, NVI)

PERRO SUCIO

Don Livesay

ᴇʀᴀ ᴜɴ ᴅíᴀ ᴄᴀʟᴜʀᴏsᴏ en Pleasant Hill, California, hace aproximadamente veinte años. Mi auto era el primero que esperaba la luz verde para ir hasta un cruce importante. Mientras esperaba, recordé otras veces en que los autos que viraban hacia la izquierda desde el lado opuesto seguían pasando a pesar de que el semáforo había cambiado a rojo; ello evitaba que los autos que estaban en mi carril pudieran pasar la luz verde.

De repente empecé a pensar en el conflicto: esos autos viraban a la izquierda con luz roja, y nosotros nos perderíamos la oportunidad de cruzar. Me acomodé en el asiento y vi la luz de la mano izquierda volverse amarilla y, luego, roja. Presté atención a mis antagonistas. En efecto, esos perros sucios pasaban sin inmutarse. Pensar en la infracción que cometían me irritaba aún más.

Con justa indignación, manejé hasta el cruce e hice sonar la bocina a esas personas maleducadas. En eso, miré y vi que la luz de mi carril no había cambiado al verde: estaba aún roja. ¡La luz del otro carril estaba todavía en verde! Me atraparon en el cruce mientras juzgaba a los demás, cuando, en realidad, el culpable era yo. ¡Qué vergonzoso!

En Lucas 6:37, la Biblia dice: «No juzguen, y no se les juzgará.» (NVI) En los lugares más íntegros se practica la regla de oro: trata a los demás como deseas que te traten. Dos reglas positivas más: primero, si escuchas la mitad de la historia, eso es exactamente lo que has escuchado; segundo, habla a las personas, no sobre las personas.

Un entorno productivo y sano incluye a aquellos que aceptan a los demás y se preocupan por ellos y no los juzgan. Un entorno seguro y sano tiende a generar personas sanas. Lo opuesto también es cierto.

NUNCA ES DEMASIADO TARDE

Mark Laws

EL PUESTO INSTALADO a la vera del camino estaba repleto de una deliciosa combinación de frutas y verduras. Había elegido una bolsa de duraznos dorados cuando noté una bandeja de plantas marchitas y polvorientas.

—¿Qué hará con ellas?— pregunté.

—Nada— respondió el viejo granjero—. Ya es tarde para sandías. Llévelas si lo desea.

Rescaté esas plantas de aspecto cansado y, con mucha ternura, las planté en el jardín. Cada vez que hablaba sobre las plantas de sandía que acababa de sembrar, mi interlocutor meneaba la cabeza y señalaba con tristeza:

—Muy tarde para sandías. Muy tarde para cosechar algo esta temporada.

En verdad, me preguntaba si no había estado perdiendo el tiempo. ¿En qué había estado pensando? A decir verdad, era demasiado tarde para sembrar algo.

Semanas más tarde, en un fresco día de otoño, mientras limpiaba el jardín, descubrí la increíble recompensa de dedicarle tiempo para plantar algo. Enmarañadas entre las malezas y los secos y amarillentos tallos de maíz, había varias sandías. En efecto, mientras mi familia y yo seguíamos con entusiasmo el recorrido de esa enredadera desparramada, descubrimos decenas de enormes sandías.

Todos —y aún yo— estábamos estupefactos. Creíamos que las sandías no tendrían buen sabor. Pero no fue así: de un intenso carmesí hasta la cáscara, las dulces, jugosas y refrescantes sandías hacían que se nos hiciera agua la boca. Mientras compartíamos una, su exquisito sabor resaltó una verdad muy importante: que nunca es demasiado tarde para sembrar buenos pensamientos y hacer buenas elecciones en el jardín del corazón.

Podremos estar inseguros e indecisos; otros podrán persuadirnos de que no vale la pena dedicarle tiempo a plantar. No obstante, aun la más pequeña de las semillas que sembramos en el corazón dará una cosecha abundante e increíblemente gratificante.

«Ahora bien, la fe es la garantía de lo que se espera, la certeza de lo que no se ve.» (Hebreos 11:1, NVI)

UNA NUEVA MIRADA

P E T E R B A T H

¡**Necesito ojos nuevos!** Estábamos navegando una noche tormentosa en medio del Lago Ontario, con aguas revueltas y ráfagas implacables. Mi compañero vigía y yo habíamos pasado horas buscando algún faro en las costas del Niágara, tratando de hallar algún puerto seguro. Teníamos la vista y la mente cansadas. Nos preocupaba que, aunque mirábamos hacia aquel lugar, no lográbamos verlo.

Una nueva mirada. Muchas veces miramos y miramos, pero siempre vemos lo mismo. Lo que es familiar se transforma en evidente, y resulta cada vez más difícil distinguir lo nuevo o diferente.

Muchos hemos navegado en medio de tormentas de todo tipo, y el miedo y la preocupación nos nublan la visión. Necesitamos nuevos ojos para descubrir lo novedoso, para ver el futuro. Una mirada que nos permita divisar la esperanza en medio de la oscuridad, que traiga paz cuando las fuertes ráfagas causen estragos al corazón.

Dicen que la mirada más nueva que hay en cualquier tipo de organización es la de un nuevo compañero que acaba de incorporarse. Nueve meses más tarde, el entorno se transforma en rutina. Pero al principio, el compañero ve las cosas de otro modo, y su perspectiva puede resultar de muchísimo valor.

Como dijo William Osler, un eminente medico del siglo xviii, «Debemos aprender a ver». Antes de la aparición de los sistemas de diagnóstico por imágenes, como los equipos de resonancia magnética, Osler era capaz de diagnosticar una enfermedad compleja con tan sólo algunas señales a simple vista.

«Jehová no mira lo que mira el hombre, pues el hombre mira lo que está delante de sus ojos, pero Jehová mira el corazón.» (1 Samuel 16:7, RVR1995)

Es mi deseo que tengas una mirada nueva que cada día te permita ver las bendiciones que te rodean, tanto a ti como a los demás, y que ayude a otros a divisar el faro de la esperanza, así como la mía me ayudó en aquella noche de tormenta.

«La capacidad de ver, y no solamente de mirar, es la base del descubrimiento». Chris Johns, Jefe de Redacción, National Geographic.

LA PRIMERA LÍNEA DE DEFENSA

ANDY McDONALD

LLAMADO A FORMAR PARTE de un jurado, estaba sentado esperando en el área de selección del jurado cuando, repentinamente, comencé a sentir dolor en el oído izquierdo. Ni bien me excluyeron de la lista, la primera medida que adopté como defensa fue tomar unas gotas antibióticas y un par de aspirinas. Llamaría al médico si el dolor empeoraba. Pero, después de mucho sufrir, me rendí, y me recetaron antibióticos y una nueva dosis de gotas para los oídos.

La primera línea de defensa fue la automedicación. Pero, cuando pienso en ello, me pregunto: ¿Dónde estaba Dios en mi línea de defensa? No había recurrido a Él ni en primera ni en segunda instancia. ¿Por qué?

El dolor, el pánico y el miedo suelen entorpecer la capacidad de razonar. La ansiedad inicial nos hace reaccionar basándonos en nuestra autosuficiencia. Primero actuamos, después reflexionamos. La naturaleza humana exige una solución inmediata para los problemas. Me puse a pensar en la manera en que los discípulos intentaron dominar una barca en peligro de naufragio. Cuando zarparon, hacía buen tiempo. Jesús, cansado, se adormeció arrullado por el suave bamboleo de la barca. (Ver Marcos 4)

Pero unas nubes negras cubrieron el cielo. Estos pescadores con experiencia se prepararon para capear el temporal, tal como lo habían hecho en otras ocasiones. Amainaron las velas, viraron en dirección a las olas, aseguraron cualquier cosa que pudiera caer fuera de borda y comenzaron a remar hacia la costa.

Era un desafío que estaba muy por encima de sus posibilidades. No fue sino hasta que la embarcación aparentaba irse a pique que clamaron, «Señor, ¡levántate y sálvanos! ¡Nos estamos hundiendo!». Tanto ayer como hoy, Jesús sabe que clamar a Él es el último recurso y no la primera línea de defensa.

Los desafíos de la vida diaria nos obligan a elegir una primera línea de defensa. ¿Cuál es la tuya? ¿Qué relación hay entre aquello que eliges y aquel a quien elegiste como maestro? No podemos elegirnos a nosotros mismos y al mismo tiempo a Dios como primera línea de defensa. Sólo podemos elegir a uno. ¿Cuál será nuestra elección?

EL LAMENTO DEL CORREDOR

Clifford Goldstein

Una vez David Letterman, el anfitrión de programas de entrevistas, contó una anécdota: mientras manejaba, vio pasar a una persona trotando y le gritó por la ventanilla:

—¡Igual vas a morir!

¿Será verdad? Sí, lo es. Nunca nadie logró llegar a la inmortalidad por medio del ejercicio físico. Ni por medio de una dieta o un jugo milagroso.

Pero ésta no es la cuestión, sino aprovechar al máximo la vida que tenemos, un regalo de Dios nuestro Creador. Un estilo de vida sano, sobre la base de simples principios de leyes naturales y ciencia médica sensata puede llevarnos a vivir una vida mejor y también más larga.

Muy a menudo esperamos a que la salud esté en riesgo para darnos cuenta de que es un bien de muchísimo valor. ¿No sería mucho más sabio preservar la salud el mayor tiempo posible, en vez de despreciarla llevando un estilo de vida deficiente para después tener que comenzar la ardua tarea de restaurarla?

Jesús dijo, «Yo he venido para que tengan vida, y la tengan en abundancia.» (Juan 10:10, NVI) Parte de esa abundancia consiste en la calidad de vida, que, como todos sabemos, tiene relación con nuestro bienestar físico. Nuestro Creador nos ama y desea que disfrutemos de buena salud ahora. Un estilo de vida apropiado puede ser de gran ayuda para alcanzar ese objetivo.

Por supuesto, tanto ese corredor como nosotros moriremos. Pero nuestras vidas pueden ser mucho más plenas si nuestros cuerpos gozan de salud el mayor tiempo posible.

La bendición última es nuestro buen estado espiritual y que todos reclamemos la promesa de vida eterna.

El poeta W. H. Auden escribió: «Que nada pueda salvarnos es posible. Nosotros, que moriremos, debemos exigir un milagro.»

Y ese milagro es Cristo Jesús.

CAMBIO DE ACTITUD

Robyn Edgerton

MIRÉ LA TARJETA DE embarque para con
firmar el asiento: 14B. Me dolían los pies y
la cabeza; lo único que quería era llegar al asiento y
concentrarme en el libro que había traído.

Cuando anunciaron el embarque, todos hicimos
fila de inmediato. Y, de repente, hubo un alboroto.
Un nutrido grupo de personas pugnaba por man-
tenerse unido. Decidí estar lejos del conflicto.
Cuando abordé el avión, me di cuenta de que no
había logrado evitar el caos. Los pasajeros esperaban
irritados mientras el grupo, ajeno a todo, intercam-
biaba asientos entre risas y acomodaba el equipaje
en los compartimentos superiores. Me acerqué al
atasco para poder llegar al asiento y abrir el libro.
Pero, a medida que la fila avanzaba, me di cuenta
que el asiento 14B estaba justo en el medio del grupo
de revoltosos.

Apenas despegó el avión, me puse a conversar
con la mujer que tenía al lado. Me comentó que

los miembros de ese grupo eran familiares suyos. Habían ahorrado durante años para llevar a los niños a Disney World mientras la abuela todavía estaba sana para disfrutarlo. Con una sonrisa de oreja a oreja, dijo que era «el viaje de sus vidas». Me enterneció poder participar de su dicha.

Este nuevo dato ayudó a modificar mi perspectiva sobre el caos que me circundaba. Viajaba en un avión junto con una familia en el último tramo de sus vacaciones soñadas. Escuché sus historias de parques temáticos, montañas rusas y helados. Sentí la alegría de estar unidos como familia y la importancia de ver cumplido su sueño.

También me di cuenta de que, muy a menudo, juzgo a los demás sin saber en realidad su historia. Porque no me tomo el tiempo de escucharlos, suelo perderme nuevas amistades.

Tómate unos minutos hoy para escuchar la historia de alguien. Es posible que consigas un nuevo amigo.

¡TIEMPO MUERTO!!

Art Bakewell

Una de las realidades inesperadas de la vida profesional adulta es la «tiranía de la urgencia». Independientemente de las circunstancias, es muy difícil acallar el estruendo de los platillos y la ansiedad de las alarmas que nos advierten de vencimientos, asuntos urgentes a punto de colapsar y proyectos que desesperadamente necesitan atención. Nuestros seres queridos suelen quedar en el último lugar de la lista de prioridades, mientras confiamos en que, a diferencia de los extraños, nos perdonarán por ello. La preocupación y la angustia nos acompañan mientras tratamos de evitar los lobos que acechan a la puerta queriendo devorar preciosos mendrugos de tiempo que codiciamos con desesperación, pero que raras veces saboreamos. ¿No sientes la tentación de gritar: «¡Tiempo muerto!»?

En la infancia, el tiempo muerto tenía el fin de darnos una oportunidad de calmarnos y reflexionar sobre nuestro comportamiento y resultados. En la juventud, el tiempo muerto era una estrategia fundamental de los juegos. ¿Necesitas un descanso? ¡TIEMPO MUERTO! Respira hondo, vuelve a pensar en la estrategia y regresa al juego. En la escuela, las vacaciones de verano simbolizaban el tiempo muerto final y la libertad. En el mundo de los adultos, sin embargo, no suele ser una opción cuando nos enfrentamos con ciertas amenazas en nuestra vida profesional, como por ejemplo: «¡Quiero esto terminado al finalizar la jornada!»

Quizás la lección más importante de la creación es la que enseña el Creador, no en la magnificencia de lo creado, sino en la sabiduría del descanso tras la ardua tarea. Dios nos dio el ejemplo acabado de un lugar y momento sagrados para descansar. Con frecuencia, Dios nos pide seguir su ejemplo apartándonos de las urgencias para, simplemente, disfrutar del fruto del trabajo y escuchar la paz que pueden darnos las prioridades que Él pensó para nosotros. La próxima vez que sientas deseos de gritar «¡Tiempo muerto!» piensa en la posibilidad de que esa voz que grita no es la tuya, sino la de Dios, que busca tu presencia en su tiempo muerto.

NO TE PREOCUPES, SÉ FELIZ

Jay Perez

¿Puedes hacer «una pausa por la paz»? ¡Tan sólo te llevará unos minutos! Muy bien. No te preocupes. Te prometo que sólo serán unos minutos. Quiero compartir contigo un poema que leí hace poco y que todavía me hace reflexionar y tener esperanzas:

La preocupación nunca ascendió una montaña,
Ni pagó una cuenta,
Ni secó una lágrima,
Ni quitó el miedo.
La preocupación nunca zurció una media,
Ni preparó una comida,
Ni llevó a un caballo a beber agua;
Nunca hizo nada que creas que deba hacer.
Creo que éste es el ideal por el cual debo luchar.

Pero me preocupa no poder lograrlo. ¿Lo ves? ¡Me volví a preocupar! Pero no volverá a ocurrir. Entregaré todo a Dios y confiaré en que él suplirá mis necesidades. ¡Lo prometo!

Me pregunto si podré guardar esta promesa. ¡Eso me preocupa! ¡Ay! Otra vez volví a preocuparme. ¿Qué sucede? Jay, cálmate, no te preocupes: guardarás la promesa, sólo debes mantenerte enfocado. ¡Enfocado, enfocado! ¡Así está mejor!

No me preocuparé, no me preocuparé. No me preocuparé; muy bien: ¡estoy enfocado! ¿Lo ves? No había nada por qué preocuparse, a menos que, de algún modo, pierda de vista el foco. ¡Eso sí me preocuparía! ¡NO, NO, NO! ¡No quiero que me preocupe el preocuparme perder el foco!

Dios, ¿cuál es el problema? Y entonces recuerdo lo que dice Isaías 26:3: «Tú guardarás en completa paz a aquel cuyo pensamiento en ti persevera; porque en ti ha confiado.» (RVR1960) Y entonces todo comienza a tener sentido. ¡Eso es!

De repente escucho una melodía, mezcla de música jamaiquina y sabiduría divina: «Don't worry; be happy.»[1]

---

[1] N del T: No te preocupes, sé feliz

LA IMPORTANCIA DEL DESCANSO

Des Cummings

COMO PADRE, sé lo que el descanso significa para mis hijos. Lo viví cuando mi hijo Derek estaba aprendiendo a dormirse por sí solo. Nació con bajo peso, y por esa razón necesitó de cuidados especiales. Dormía en una cuna al lado de nuestra cama; cuando lloraba, mi esposa lo alzaba en brazos y lo arrullaba en nuestra cama, a su lado. Allí dormía mucho mejor. Pero esto se convirtió en un hábito; parecía ser que Derek no podía quedarse dormido sin tener a alguno de nosotros a su lado.

Y se me ocurrió una idea, sencilla pero elegante. Podría reemplazar un compañero de sueños de carne y hueso por un osito de peluche. Esa noche, cuando acosté a Derek, le dije que era hora de aprender a ser un niño grande y dormir por sí solo. Acomodé el osito de peluche a su lado. Con expresión medrosa me miró.

—Papi, el osito no tiene piel. Por favor acuéstate conmigo mientras me duermo. Mañana a la noche seré un niño grande, lo prometo.

Mi corazón se enterneció. Todo padre desea que su hijo descanse en su amor. Me metí entre las cobijas, al lado de mi hijo. «Te amo», le susurré, y Derek, ya tranquilo, cerró los ojos para dormirse.

Creo que el día de reposo tenía el propósito de reflejar ese descanso y paz. El día de reposo es la cobija con la que Dios nos ofrece seguridad a nosotros, sus hijos. Es un momento que apartamos para compartir el amor, la felicidad y la paz.

En el sábado, Dios nos brindó un buen ejemplo de cómo descansar. Después de una ajetreada semana de creación, cesó toda actividad y pasó un día entero para conocer a Adán y Eva. El primer día de reposo debe de haber estado plagado de recuerdos inolvidables. Y Dios todavía quiere tener hoy esos recuerdos con nosotros.

SÓCRATES BEBE LA CICUTA

C LIFFORD G OLDSTEIN

E N EL M USEO M ETROPOLITANO DE A RTE se encuentra uno de los cuadros más famosos, La muerte de Sócrates, que muestra al célebre filósofo en prisión a punto de beber una copa de veneno, cicuta, como castigo por sus diversos «crímenes intelectuales». Sócrates toma la copa en sus manos, rodeado de sus acongojados seguidores. A pesar de que es él que está a punto de morir, Sócrates es el único que parece tranquilo y sereno.

Y ello se debe a que, según su discípulo Platón, Sócrates acababa de dar una larga lección sobre los males del cuerpo humano y aseguraba que, a su muerte, se libraría por fin de la prisión de su carne.

Si bien es una historia conmovedora, la Biblia nos ofrece una perspectiva totalmente distinta sobre la humanidad. Según Génesis, Dios mismo creó el cuerpo humano.

«Y Dios creó al ser humano a su imagen; lo creó a imagen de Dios. Hombre y mujer los creó.» (Génesis 1:27, NVI)

Y eso no es todo: cuando Dios finalizó con la creación física, declaró que todo aquello, aún la carne humana, era «muy bueno» (Génesis 1:31). Pero con la aparición del pecado, nuestros cuerpos se corrompieron y dañaron. Pero la Biblia no se refiere al cuerpo como algo malo en sí mismo, y al alma y el espíritu como algo bueno. En cambio, la Biblia dice que hay una relación directa entre cuerpo, alma y espíritu, y que todo ello forma parte del ser humano. Algo que podemos aprender de esta verdad es que nunca se nos exigió que evitaremos los placeres de la carne, sino que disfrutaremos de ellos según los principios de la salud, templanza y moralidad. Por ello, es muy importante que aprendamos cuáles son esos principios y que, por la gracia de Dios, los sigamos de la mejor manera posible.

DESPOJÁNDONOS DEL VIEJO HOMBRE

HOLLY JOHNSON

ESTA MAÑANA VI UNA FAMILIA de lagartijas típicas de Florida en el patio trasero de mi casa. Una de ellas, de gran tamaño, reposaba en una silla y comenzó a hacer, precisamente, «lagartijas», mientras metía y sacaba el cuello de tintes dorados. Aunque hipnotizada por unos instantes, noté una maraña de piel blanca, casi transparente, alrededor del cuello, torso y patas delanteras. Me di cuenta enseguida que la lagartija estaba mudando la piel; la vieja piel muerta descubría una gruesa capa de piel nueva.

Los reptiles pueden crecer de tamaño gracias a las mudas. El animal crece y, en el proceso, se deshace de la vieja piel.

En distintos momentos de la vida, todos tenemos la oportunidad de crecer, de llegar a ser algo nuevo. En mi caso, ese momento fue cuando me diagnosticaron cáncer. Tuve la oportunidad de despojarme de células malignas y comenzar de nuevo.

A medida que la quimioterapia desintegraba el cáncer que se alojaba en el cuerpo, otra parte del tratamiento consistía en inyectar factores de crecimiento para estimular a la médula para que produjera más glóbulos blancos. En todo momento me sorprendió la manera en que el cuerpo respondía al tratamiento. Cuatro horas después de cada aplicación, literalmente podía sentir en el esternón, costillas y vértebras los nuevos glóbulos blancos que producía la médula. El dolor era tan intenso y agudo que sentía que iba a estallar. Al igual que la lagartija, estaba lista para despojarme del cuerpo anterior y cambiarlo por uno nuevo y más sano.

En Apocalipsis 21:5 Dios dice: «¡Yo hago nuevas todas las cosas!» (NVI) En mi opinión, creo que es una buena noticia. Dios nos renueva y en todo momento nos ayuda a crecer en esta vida, con la promesa de una renovación final en la vida por venir. Cada sesión de muda resulta en una versión más fuerte, más resistente y mejorada de nosotros. Pero esto es sólo por un tiempo, porque el proceso vuelve a repetirse una y otra vez. Y, gracias a ello, podemos mejorar.

UTILIZA TUS ENERGÍAS

Art Bakewell

ME ENCANTA ANDAR en bicicleta y recorrer largas distancias durante horas. Quien lea esto creerá que soy delgada como un galgo y ágil como un gato. Quizás vengan a la mente ciertos recuerdos de Lance Armstrong. Pero eso está muy lejos de la realidad. Verán, soy un ciclista tipo Clydesdale. Un «Clydesdale» es un caballo de gran tamaño. No soy para nada pequeña. Cuando subo a la bicicleta, el acero gruñe; y otros ciclistas admiran la resistencia de mis pantalones de ciclismo. Jamás seré Lance Armstrong y nunca tendré el aspecto que se supone debe tener un ciclista. Y eso está bien. De todos modos, no es sencillo ser un Clydesdale.

Si bien otros lucen estilizados y ágiles en sus atuendos de ciclista, el atuendo suele resaltar mi exceso de peso, y me enfrento a un dilema. ¿Hacer ciclismo por amor al ciclismo, o esconderme por temor a las críticas? Yo elijo lo primero. No me importa lo que los demás piensen de mí ni su opinión sobre mi tamaño para hacer deporte.

Hago ciclismo porque me encanta hacerlo. Jamás seré el ciclista más rápido que logre ganar el Tour de Francia. Pero —quién sabe— quizás llegue a ser el Clydesdale más rápido que recorra el Estado de Florida.

Ser activo no es sólo una cuestión de aspecto, moda o forma. Es una cuestión de hallar aquello que nos apasiona y utilizar las energías en algo que disfrutamos. Puede ser el placer de correr, caminar, nadar, jugar al tenis, andar en bicicleta, o dar unas tranquilas caminatas acompañados por el perro. Quizás nunca seremos los mejores, ni luzcamos glamorosos con nuestros atuendos, ni nos sentiremos cómodos en compañía de otros. Pero recordemos que no se trata de lo que otros piensen; la visión que tengamos de nosotros mismos y lo que pensemos hará la diferencia. Nuestras acciones siempre hablarán mejor que las palabras de los demás.

LA BOLSA DE VALORES DE LAS ESTRELLAS

TODD CHOBOTAR

HACE ALGUNOS AÑOS comencé a mirar los avisos publicitarios de las últimas páginas de las revistas de interés general que ofrecían fotos autografiadas de celebridades. Había estrellas de cine, de televisión, de la música y de los deportes. Todas las fotos estaban a la venta.

Con mucha curiosidad leí esos avisos durante cierto tiempo y noté que los precios por cada autógrafo se modificaban con frecuencia. Por ejemplo, una vez el autógrafo de Madonna, la estrella del pop, descendió a sólo treinta dólares. Pero meses más tarde subió a cincuenta. En el mundo del espectáculo, el valor de una celebridad (o por lo menos el valor de su autógrafo) fluctúa según la percepción del público. Si alguien logró algunos hits y buenas críticas, su autógrafo tendrá más valor. Por el contrario, si las reseñas críticas de una celebridad no son buenas y pierde fans, el valor de su autógrafo bajará. Es como si fuera la bolsa de valores de las celebridades.

Las estrellas no son las únicas a las que se juzga por cómo se desempeñan en público. Todos también somos juzgados. Se nos juzga según parámetros superficiales. ¿Tu rendimiento es bueno? ¿Eres popular? ¿Cómo vistes? ¿Dónde vives? ¿Cuánto vales?

Pero Dios no te mira de esa manera. Te mira con otros ojos. Con los del amor. Su amor. No le importa quién te critica con dureza o quién te elogia. Él es quien te hizo. Y eso significa que, para Él, tienes un valor infinito.

¿Te sorprende que Dios te mire de esta manera? No te sorprendas. Los caminos de Dios son distintos de los nuestros. Las Escrituras dicen que: «Jehová no mira lo que mira el hombre, pues el hombre mira lo que está delante de sus ojos, pero Jehová mira el corazón.» (1 Samuel 16:7, RVR1995)

Pero lo cierto es que has ganado el corazón de Dios y también su amor. No por tus rendimientos, posesiones o popularidad. Simplemente porque eres suyo.

«Te he llamado por tu nombre; tú eres mío.» (Isaías 43:1, NVI)

FIEL

ROBERT ENGSTROM

En Lucas 12:22, las palabras de Jesús tenían el propósito de calmar el espíritu, «Por eso les digo: No se preocupen por su vida, qué comerán; ni por su cuerpo, con qué se vestirán.» (NVI) Si Dios alimenta a los cuervos y viste a los lirios, ¿cuánto más se preocupará por nosotros?

En 1945, cuando tenía dos años y medio, el Dr. Harry Miller, autor de China Doctor, me extrajo las amígdalas en un hospital en Mt. Vernon, Ohio, a sólo cincuenta millas de la casa de mi abuelo, que vivía en Marion. Al mismo tiempo, le extrajeron las amígdalas a Johnny, mi hermano mayor. Para su de-sesperación, a mamá no se le permitió entrar al área prequirúrgica: sólo pudo mirarme indefensa mientras yo gritaba y frenéticamente le estiraba los brazos cuando me llevaban deprisa a un lugar desconocido.

Poco a poco, unas bondadosas enfermeras calmaron mi espíritu de niño, pero más tarde me dieron la anestesia que sólo hizo resurgir el pánico. Repentinamente me encontré bajando por un aterrador y tenebroso espiral lleno de estrellas que pasaban fugazmente; ¡creía que mi fin estaba muy cerca! Pero después de lo que parecieron tan sólo unos instantes, desperté en una cama en la sala posoperatoria, al lado de la cama de Johnny, con mi mamá a mi lado. ¡Qué alivio y qué consuelo!

Jesús sabe que esta vida puede causar temor cuando nos preguntamos cómo pagar las cuentas, si a nuestros hijos les irá bien, o si gozaremos de buena salud a medida que envejecemos. Todo lo que Él pide es que confiemos en nuestro Padre celestial, que se preocupará por nosotros del mismo modo en que se preocupa por las aves y las flores, y que solamente «buscad, más bien, el reino de Dios, y todas estas cosas os serán añadidas.» (Lucas 12:31, RVR1995) Como diría mi madre, Jesús nos dice: «No tengan miedo, mi rebaño pequeño…» (Lucas 12:32, NVI)

LA FELICIDAD DE SER INTROVERTIDO

KIM JOHNSON

SOY MIEMBRO ACTIVO del club de los intro-
vertidos. No me gustan las multitudes ni las
fiestas. Para mí, una noche de sábado perfecta consiste en enroscarme en un sillón para leer un buen
libro o buscar información en la computadora.

En algún momento, sin embargo, llegué a creer
que todo buen cristiano debía ser extrovertido y que
debía acercarse con entusiasmo a los desconocidos
para compartir el evangelio.

En el intento de ser una persona distinta, pasé
dos veranos consecutivos vendiendo libros religiosos
a domicilio. «Con esto seguramente me acostum-
braré a conocer gente» pensé.

En ambos casos detesté cada minuto, en medio
de los nervios y el calor. Todas las mañanas me
demoraba en otras cosas para matar el tiempo: antes
de salir, me aseguraba de revisar el nivel de gasolina,
aceite, agua, la temperatura del motor, el líquido
para frenos, la presión de los neumáticos y la carga
de la batería. Los almuerzos con largas sobremesas
eran moneda corriente.

Después de la graduación, fui de mal en peor al elegir convertirme en pastor, que es una de las carreras más prominentes y más orientadas al ser humano que existe sobre la Tierra. Era, fundamentalmente, un trabajador social que sabía mucho de las Escrituras. Es verdad que conocí a muchas personas maravillosas y que tuve el privilegio de ayudar a aquellos que estaban en crisis. Pero terminó por desgastarme, a tal punto que, diez años más tarde, sufrí de síndrome de burnout.

Después de mucho analizar y reflexionar, me di cuenta de que mi idea sobre la extroversión no era la correcta. Aprendí, con asombro, que ser introvertido es tan valioso para Dios como ser sociable por naturaleza. El introvertido tiene empatía, creatividad, visión y capacidad de análisis, aptitudes que la sociedad actual necesita con urgencia. Finalmente entendí que a Dios le encanta la manera en que Él me formó.

Cambié y me convertí en un contador feliz, satisfecho y orgulloso de su timidez y de actuar tras bastidores. Una persona que se regocija en el amor y la aprobación de su Padre celestial que lo ama tal cual es.

CAMBIO RADICAL

Herdley Paolini

Un día, mis hijos menores (ocho y doce años) estaban mirando televisión, cambiando reiteradamente de un canal a otro, cuando dieron con el programa *Extreme Makeover* [Cambio Radical]. Un par de «afortunados» se sometían a todo tipo de cirugía plástica para recrear, reparar y perfeccionar su aspecto. Al parecer, los niños estaban fascinados con las imágenes del antes y después.

Al finalizar el programa, mi hijo de ocho años se acercó y, con mirada penetrante, me miró a los ojos, mientras con cuidado me corría los cabellos detrás de las orejas para un mejor vistazo. Tras reflexionar, dio un paso atrás para contemplarme de cuerpo entero, y dijo: «Mami, si vinieran los de *Extreme Makeover* para hacerte de nuevo, ¡no tendrían nada para hacer!» El de doce asintió: «Es verdad. ¡Se aburrirían!»

Si bien me alegró el corazón, yo sabía que su evaluación no era la correcta. No obstante, ese franco y sincero despliegue de emociones apuntaba a una verdad fundamental: nuestra vida de relaciones influye en nuestros encuentros con otros, en nuestra posición en las distintas circunstancias de la vida, y en nuestra visión del mundo. La buena relación que mis hijos tienen conmigo filtró, literalmente, mis imperfecciones. Su amor allanó el camino para ver lo que realmente es importante. *El Principito* (el personaje de la obra de Antoine de Saint-Exupery y Richard Howard) lo dijo con palabras más apropiadas: «Sólo podemos ver con claridad gracias a los ojos del corazón.»

Ver con los ojos del corazón no quita la necesidad de cambiar cuando es necesario. Es más posible lograr cambio, crecimiento y sanidad cuando escogemos no juzgar y tratar a los demás y a nosotros mismos con aceptación. Este modo de ver la vida nos capacita para vivir desde la única perspectiva que puede en verdad afectar el cambio.

«Pido también que les sean iluminados los ojos del corazón para que sepan a qué esperanza él los ha llamado.» (Efesios 1:18, NVI)

UNA ZAMBULLIDA AL DESTINO

HEATHER NEAL

ERA UN DÍA CALUROSO DE SOL, y el agua estaba fresca: una combinación perfecta para una niña a la que le apasionaba la emoción de las zambullidas desde lo alto. Semejante entusiasmo hacía que subiera la escalera una y otra vez, sin cansarme. En aquel entonces era muy pequeña: tenía tan sólo cinco años.

Ese día de verano subí las escaleras del trampolín. Ya estaba casi en lo más alto…pero el flotador se atascó y perdí el control. ¡Caí de espaldas sobre el cemento! El niño que estaba jugando conmigo miró a su madre y dijo, «¡Mami, vi al ángel de Heather!» Ese día salí ilesa con apenas algunos rasguños. Pero pude haber perdido la vida. ¡Gracias a Dios, Él tenía otros planes para mi vida!

Ahora que pienso en ello, le agradezco al Señor por haber abierto los ojos de mi amigo para ver el ángel y percibir el cuidado amoroso de Dios. Lo alabo por guiar mi vida y porque Sus planes me dieron un propósito, a la vez de gozo y satisfacción.

Esta experiencia me recuerda aquel versículo que dice: «Porque yo sé muy bien los planes que tengo para ustedes —afirma el SEÑOR— planes de bienestar y no de calamidad, a fin de darles un futuro y una esperanza.» (Jeremías 29:11, NVI)

En este texto, Dios declara que tiene un propósito, una visión y una perspectiva muy positivos para nuestras vidas. ¡Cuán asombroso y, a la vez, inspirador es esto! Proverbios 29:18 dice que «Sin profecía el pueblo se desenfrena…» (RVR1960) Dios tiene visión de prosperidad para hoy, sin importar el pasado. Desea guiarnos, desea enseñarnos una visión positiva y una esperanza para el futuro. ¿No deseas pedirle que te ayude a ver sus asombrosos planes para tu vida?

TÓMATE UN DESCANSO

Todd Chobotar

En LA CIUDAD DE Abbotsford, Columbia Británica, se esconde un apacible parque público cuyo centro alberga al lago Mill.

Mientras hacía jogging por el parque momentos después del amanecer, la deslumbrante belleza del monte Baker me detuvo. Descubrí un banco cerca y decidí sentarme a descansar y disfrutar de la vista. Mientras me acomodaba en el banco, algo llamó mi atención. Había una pequeña placa de bronce fijada al respaldo. La placa tenía una frase grabada:

Tómate un descanso
~ En Memoria de Cliff Ratcliffe~
(1906-1991).

Me recliné en el asiento con una sonrisa en el rostro y me di cuenta de que se trataba de un banco conmemorativo; un lugar destinado al descanso y la reflexión. ¡Qué forma maravillosa de celebrar la vida de alguien! Mientras me relajaba en el banco de Cliff, me puse a pensar en otra invitación al descanso; en este caso, del Nuevo Testamento. Ésta ofrece más que un restablecimiento físico y promete descanso divino del desasosiego humano. Escucha las palabras de Jesús según aparecen en Mateo 11:28-29: «Vengan a mí todos ustedes que están cansados y agobiados, y yo les daré descanso. Carguen con mi yugo y aprendan de mí, pues yo soy apacible y humilde de corazón, y encontrarán descanso para su alma.» (NVI)

¡Qué maravilloso es que Jesús nos ofrezca justo lo que más necesitan nuestros corazones! Descanso. Descanso de las presiones de nuestras vidas ajetreadas. Descanso de las cargas que nos oprimen el alma. Yo encuentro personas a diario que están cansadas de llevar cargas pesadas. ¿Habrá alguna posibilidad que seas una de ellas?

Si estás deprimido, aún hay esperanza.

Si tu alma está hastiada, hay alguien para ayudarte.

Aférrate a la promesa de Jesús. Él tiene mucha experiencia en cargar pesos y aliviar cargas. ¿Por qué no le permites que cambie hoy tu carga por una más liviana para siempre.

ACERCA DE LOS AUTORES

Art Bakewell es el director del área de atención pastoral de un hospital en Deland, Florida. *Art.Bakewell@fhdeland.org*

Peter Bath es pastor, educador y administrador. Tanto el señor Bath como su esposa Cathy, sus hijas y yerno celebran la gracia de Dios.

Garfield Browne dedica su tiempo a compartir, como capellán, el amor de Dios y su gracia admirable. *Garfield.Browne@fhdeland.org*

Todd Chobotar le fascinan la lectura, la escritura, su esposa, sus mellizos, su Dios y sus gatos, pero no necesariamente en ese orden. *Todd@Chobotar.com*

Tami Cinquemani es escritora, actriz, oradora y directora de adoración y alabanza. *tami@hospitalchurch.org*

Juan Colon es capellán en un hospital del soleado Estado de Florida. *flamboyan654@yahoo.com*

El doctor **Des Cummings** es ministro, administrador, orador, escritor, esposo, padre y abuelo. Su pasión consiste en ayudar a los demás a vivir la vida a plenitud.

La doctora **Sandra Doran** se deleita en sacar lo mejor de las personas, tanto en escuelas como en hogares e iglesias. Visite *TheTeacherTrack.com*

Dick Duerksen es un narrador internacional. Utiliza palabras y fotografías para comunicar la gracia de Dios. *rduerksen@mac.com*

Robyn Edgerton supervisa la creación y desarrollo de Salud CREACIÓN. Está comprometido a ayudar a las personas a vivir una sanidad total.

Clifford Goldstein es un escritor y ha publicado veinte obras. Se desempeña también como editor de las Guías de Estudio Bíblico para adultos.

Gregory Ellis es orador, escritor, administrador y capellán. *Greg.Ellis@ahss.org*

Robert W. Engstrom es capellán acreditado desde 1990. Presta servicios en hospitales de los Estados de California y Florida.

Candace Huber es directora del Center for Community Health Ministry y Parish Nurse Institute de la ciudad de Orlando, Florida. Visite *ParishNurisng.net*

Elizabeth Hulford es capellán del Hinsdale Hospital en Chicago, Illinois. *Elizabeth.Hulford@ahss.org*

La doctora **Holly Johnson** es médica de urgencias y logró sobrevivir al linfoma de Hodgkin.

Kim Allan Johnson es el autor de éxitos de ventas como *The Gift, The Morning, y The Team. kallanjohnson@aol.com*

Lynell LaMountain es un escritor galardonado y director general de Life Ignited. Para obtener un libro electrónico gratis, visite *LifeIgnited.com*

Mark Laws es capellán certificado y presta servicios en el Manchester Memorial Hospital, en el Estado de Kentucky. Le gusta leer, reflexionar y dedicarse a la jardinería.

Thomas Lemon es ministro ordenado y administrador de iglesia. Está casado y tiene dos hijos y dos nietos.

Don Livesay es pastor para ministerios de jóvenes, comunicación y liderazgo de iglesias. Está casado y tiene dos hijas.

Andy McDonald es pastor de la Iglesia de Florida Hospital desde 1984. *HospitalChurch.org*

Daniel Monzon es capellán del servicio de urgencias de un hospital. Está casado y tiene una hija. *demonzon@hotmail.com*

Heather Neal es esposa, madre y consultora de salud y bienestar. Su pasión consiste en ayudar a los demás a vivir una vida abundante. Ayuda en el desarrollo de los materiales de Salud CREACION. *heatherneal@troikaconsulting.com*

Farzad Nourian es director de atención pastoral de dos hospitales en el Estado de Florida. Es autor de *Embracing Grief* y *Grieving*. *Farzad.Nourian@fhmmc.org*

El doctor **Herdley Paolini** es psicóloga matriculada y autor de *Inside the Mind of a Physician.*

El tesoro más grande de **Sperantza Adriana Pasos'** es su familia. Le apasiona compartir la esperanza eterna en su admirable Dios. *speriepasos@gmail.com*

Lori Tripp Peckham es editora de la revista *Women of Spirit*. Vive en el Estado de Maryland con su esposo Kim y su hijo Reef.

Jay Perez trabaja en el área de salud espiritual y conductual desde hace veinticinco años. Es autor de *The Patient Experience.*

Gordon Retzer ha dedicado su carrera al servicio en radios cristianas y en la administración de iglesias. Está casado y tiene dos hijos adultos.

Carl Ricketts es capellán de un hospital en el estado de Florida. Es el primer miembro de su familia que nació en los Estados Unidos. *Carl.Ricketts@ahss.org*

Kevin Shelley es capellán de Jellico Community Hospital, en el Estado de Tennessee. Con su esposa Cyndy es padre de cuatro hijos. Disfruta de hacer caminatas en las Grandes Montañas Humeantes.

Theodore Stewart es director de atención pastoral y formador en clínica pastoral del Huguley Memorial Medical Center. Está casado y tiene dos hijas adultas.

GUÍAS Y EVALUACIONES

Guía para Adultos Mayores
Comparte los principios de Salud CREACIÓN con adultos mayores y ayúdalos a vivir una vida más plena con salud y felicidad.

Autoevaluación
Esta herramienta ayuda a evaluar tu nivel de sanidad según los principios de Salud CREACIÓN en cada una de las ocho áreas de bienestar.

Guía para Embarazadas
Asesoramiento experto sobre la mejor manera de estar sana en la dulce espera según los principios de Salud CREACIÓN.

PARA ORGANIZARNOS

Bolsa Grande
Para llevar a clase con comodidad los materiales de Salud CREACIÓN.

Carpeta de Presentación
Para organizar de manera práctica las notas de Salud CREACIÓN.

Guía de Bolsillo
Una herramienta útil para comprometernos a vivir a diario todos los principios de Salud CREACIÓN.

MATERIALES DE PROMOCIÓN

Postales, Pósters, Afiches y mucho más
Ahora puedes promocionar con eficacia tu seminario de Salud CREACIÓN y entusiasmar a tu comunidad con una amplia gama de materiales de promoción, como por ejemplo atractivas postales, folletos, póster y mucho más.

LIBROS DE SALUD CREACIÓN

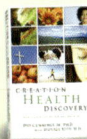

CREATION Health Discovery
Por los doctores Des Cummings (h) y Monica Reed. Una magnífica herramienta para conocer la filosofía y estilo de vida de Salud CREACIÓN.

The CREATION Health Breakthrough
Por la doctora Monica Reed. Un fin de semana de retiro que te ayudará a integrar conductas sanas a tu estilo de vida y que añadirá años a tu vida.

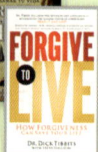

Forgive To Live

Por el doctor Dick Tibbits. Este libro revela los pasos clínicamente probados y las herramientas que toda persona necesita para descubrir su historia de rencor y disipar algún enojo oculto y sin resolver, para así poder perdonar a otros de una vez y para siempre. *Forgive to Live* es una gran ayuda para restaurar el corazón y la salud, y a la vez salvar vidas. (Disponible también en español)

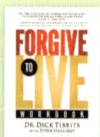

Forgive To Live Workbook

Esta guía interactiva mostrará al lector la manera de perdonar —reflexión por reflexión, paso a paso— en un plan fácil de seguir que ayudará de manera efectiva a disipar el enojo y mejorar la salud. El lector podrá también volver a hacerse cargo de su vida, sin importar cuán profunda sea esa herida.

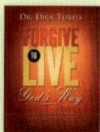

Forgive To Live God's Way

En este cuaderno de ejercicios espirituales, el doctor Dick Tibbits nos lleva gradualmente a un plan de perdón de ocho semanas, fácil de entender y seguir. Recordemos la promesa de Dios: «Te basta con mi gracia» (2 Corintios 12:9).

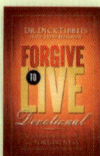

Forgive To Live Devotional

Escrito desde tres singulares perspectivas (asesoramiento psicológico, medicina y fe), este devocionario vehemente y a la vez piadoso brinda una mirada conmovedora al verdadero significado del perdón. Cada una de sus cincuenta y seis reflexiones incluye pasajes bíblicos motivadores, una oración inspirada y dos preguntas para reflexionar.

Forgive To Live Leader's Guide

Perfeccionando tu comunidad, iglesia, grupo u otros entornos.

- Presentaciones prediseñadas en PowerPoint para ocho semanas.
- Un CD-Rom con material de promoción adaptable, diseñado por profesionales, y notas para distribuir en grupos. Fácil de imprimir en el hogar o de manera profesional.
- Seis CDs de audio de capacitación directa brindada por el autor de *Forgive to Live*, el doctor Dick Tibbits.
- DVD de difusión multimedia.
- Una copia del primer estudio en su tipo llevado a cabo por la Stanford University y el Florida Hospital que demuestra la conexión entre el perdón y la disminución de la presión arterial.
- ¡Y mucho más!

¡COMPARTE TU HISTORIA!

¿Deseas enviarnos tu propia reflexión? Quizás tengas una historia inspiradora o una perspectiva espiritual que compartir con los demás. ¡Esta es tu oportunidad! Tenemos pensado publicar más devocionales en el futuro. Te invitamos a enviarnos una historia para alguno de estos próximos volúmenes.

Buscamos historias breves e inspiradoras que resalten la importancia de la salud y la sanidad física, mental y espiritual.

Algunos sencillos consejos para tu historia:

- Las reflexiones deben tener entre doscientas y trescientas palabras (por favor incluye la cantidad de palabras).

- Piensa un título atractivo para tu reflexión.

- Debes tener en cuenta que, al enviarnos tu historia para una posible publicación estarás de acuerdo en que nuestros editores revisen el contenido y la longitud.

- Cada reflexión puede acompañarse de un versículo bíblico (esto es optativo).

- La reflexión debe contener un mensaje claro, concreto y que, de alguna manera, se relacione con los conceptos de Salud Personal Total y Salud CREACIÓN.

- Incluye una breve reseña (no más de cien palabras) acerca de ti, tu familia, tu educación, empleo, otras obras publicadas, experiencias de trabajo, sitios web, información de contacto, etcétera.

(Todas las historias deben ser entregados en inglés.)

Envía tu reflexión a:
devotionals@CREATIONhealth.com

¡A TU SALUD!

OTROS RECURSOS DE SALUD CREACIÓN

Pain Free for Life

En este libro, el doctor Scott Brady propone un claro camino para diagnosticar qué es lo que en realidad produce dolor: el síndrome de sobrecarga, que se produce como resultado de reprimir las emociones negativas. Este enfoque ayuda a que las personas puedan superar síntomas tales como el dolor de espalda, cuello y hombros, la migraña o cefaleas por tensión, el síndrome del intestino irritable y otras dolencias crónicas asociadas con el dolor.

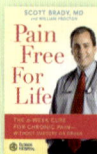

Original Love

En esta obra, el doctor Cummings revela el amor de Dios en las historias de vida de los héroes del Antiguo Testamento. Un enfoque fresco y bíblico que arroja luz sobre los primeros días del mundo que Dios creó por su inmenso amor. Mary Lou proporciona maneras prácticas y creativas de disfrutar la paz del día de reposo, al igual que dicha y bendiciones.

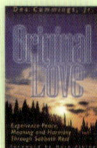

SuperSized Kids

La dietista diplomada y matriculada Sherry Flynt (que completó una maestría en salud pública) y el doctor Walt Larimore muestran la manera en que la obesidad infantil alcanza proporciones de epidemia a pasos agigantados. Este flagelo afecta gravemente la vida de los niños, agota los recursos familiares y lleva a los Estados Unidos al borde del colapso total del sistema de salud. Pero también proporciona un programa gradual de cambio de estilo de vida, con sólidas bases médicas y de fácil seguimiento para toda la familia.

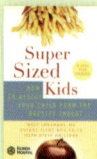

SuperFit Family Challenge Leader's Guide

Perfeccionando tu comunidad, iglesia, grupo u otros entornos.
* Presentaciones prediseñadas en PowerPoint para ocho semanas.
* Un CD-Rom con material de promoción adaptable, diseñado por profesionales, y notas para distribuir en grupos. Fácil de imprimir en el hogar o de manera profesional.
* Seis CDs de audio de capacitación directa brindada por la doctora Sherry Flynt, autora de *SuperSized Kids*.
* DVD de difusión multimedia.
* Manual de capacitación con hojas de datos y recursos relacionados.
* ¡Y mucho más!

«Acérquense a Dios, y él se acercará a ustedes.»
~ Santiago 4:8